假行家骑行指南

［英］罗伯·艾因斯利 著
黎非凡 译
胡安 校译

上海科学技术文献出版社
Shanghai Scientific and Technological Literature Press

图书在版编目（CIP）数据

假行家骑行指南 /（英）罗伯 · 艾因斯利著；黎非凡译．—上海：上海科学技术文献出版社，2021
ISBN 978-7-5439-8259-8

Ⅰ．①假… Ⅱ．①罗… ②黎… Ⅲ．①自行车运动—通俗读物 Ⅳ．① G872.32-49

中国版本图书馆 CIP 数据核字 (2021) 第 006197 号

图字：09-2019-499

策划编辑：张　树　　责任编辑：黄婉清
封面设计：留白文化　　版式设计：方　明
插　　图：方梦涵

假行家骑行指南
JIAHANGJIA QIXING ZHINAN
[英] 罗伯 · 艾因斯利　著　黎非凡　译　胡　安　校译
出版发行：上海科学技术文献出版社
地　　址：上海市长乐路 746 号
邮政编码：200040
经　　销：全国新华书店
印　　刷：常熟市人民印刷有限公司
开　　本：889mm × 1060mm　1/32
印　　张：5.125
插　　页：4
字　　数：105 000
版　　次：2021 年 6 月第 1 版　2021 年 6 月第 1 次印刷
书　　号：ISBN 978-7-5439-8259-8
定　　价：45.00 元
http://www.sstlp.com

目录

如果你跟那些没有骑车习惯的人说你骑自行车，他们会认定你是个身强体健、持之以恒、足智多谋而又独立自主的人。

骑行生活

就像过气几十年的复古音乐艺术家复出一样，骑行也是一夜之间又突然流行起来的。

从商业广告到公益传单，我们都会被人们开开心心骑车的画面视觉轰炸：提着公文包的匆忙上班族骑车通勤，一家人欢快地在铁路自行车道上骑车（详见“名词解释”），赛车队伍骑过山坡最高点，身着夏装连衣裙、长发飘飘的年轻女士们把爱犬放在车篮里……

现实却恰恰相反。比如，十一月的某个晚上，你在路边顶风补胎，而且这已经是今天第二次了；又如，你反反复复地被同一辆公交车别车；再如，明明预定好了自行车停放区，却被一堆参加准新娘单身派对的航空行李抢占，而你却因自行车没处放被丢下了火车。

以上种种，骑自行车的人都懂。只要他们知道你也骑车，就会把你当成同道中人，将你接纳为他们这个特殊群体中的一员。

他们明白什么才算有品质的生活，不会对闯红灯、人行道上骑车或是“道路税”等话题喋喋不休。但是不骑自行车的人不懂。你要是和他们说你是个“骑手”，他们会认定你是个身强体健、持之以恒、足智多谋而又独立自主的人。

而说到自己为什么不骑车的时候，他们却只会推脱，叨叨地为自己找借口，说需要用车是因为住得太远，而住得太远又是因为近点的房子没有停车的地方；又说本来想骑车的，但是车胎又没气了，而且还有斜坡要人命。

重播脑海里媒体渲染的那些画面，他们既羡慕你的生活方式，却又不是特别敢去尝试。在他们看来，你的生活方式不仅充满着活力，而且有助于扩大社交圈，更能强身健体。

骑行是一件好事，省时省钱，还修身养性。当你轻松地越过交通堵塞的长长车队，早早抵达目的地后，你会顿觉神清气爽。喝个 3 升咖啡，又能骑个 500 公里。骑车可以让你直接掌控你的资源。

要是你还能靠骑车侃一侃的话，那就更好了，因为这能让你掌握其他人的想法。这就是吹嘘的真谛。

这本简明指南会指导你穿过与人交流骑行相关的话题时可能遇到的一些主要“雷区”，用专业词汇储备和规避技巧来武装你，帮你尽量避免给人留下胡说八道的印象。书中介绍了一些简单易学的小提示和小技巧，有助于把你塑造成一个不仅对一些冷知识有了解而且经验丰富的骑手形象。当然，本书的作用远不止这些。你还可以从中学到如何利用自己的智慧和洞见来感染那些对你投来崇拜目光的听众们。不会有任何人知道，在读这本书之前，你可能连旧式自行车（velocipede）与蜈蚣（centipede）都分不清。

揭秘自行车

自行车不是由哪个国家发明的，更不是个人创造，它是集体智慧的结晶。然而，这么说并无法阻挡人们对它神秘起源的猜测。

一般来说，要想让别人觉得自己有见识，就得先等别人发表完意见后，再去反驳他们的观点。你可以指出别人的观点都是老生常谈，或者非常误导人，要么干脆说："我觉得你迟早会明白这绝对没有看起来这么简单。"（这是给自己台阶下的一个很好的方法，除了日间电视节目，这句话简直是万金油一样的存在。）

关于自行车，最令人感到它不可思议的地方莫过于，现代机械中我们所熟悉的那些技术早早就应用在了自行车上。1885 年的罗孚安全型自行车与现在的城市自行车就非常相似（当时，那款自行车甚至还有挡泥板，只是骑法与现在截然不同，尤其是下坡刹车的时候）。

谜团一

达·芬奇发明了自行车

在列奥纳多·达·芬奇的手稿《大西洋古抄本》中，有一幅画作神似十九世纪的自行车，车上安着的链条和踏板着实是惊人的先见。也有人认为，这是列奥纳多的学生吉安·贾科莫·卡普罗蒂在1493年前后完成的作品。不过，目前学术界的主流观点认为这是一幅伪作。不可思议吧，这么多人居然被一幅漏洞极其明显的假作给骗了！你可能会问："难道不正是画框上的文字写着'兰令牌自行车——诺丁汉制造'把它出卖了吗？"（另外，当有人将"列奥纳多·达·芬奇"称为"达·芬奇"的时候，你可以进行纠正，告诉他们应该称他"列奥纳多"。因为在十五世纪的意大利农村，还不流行用姓氏称呼人。在彼时，管他叫"达·芬奇"就像管冈特的约翰[1]叫"冈特的先生"一样奇怪。）

谜团二

斯托克·波吉斯一处教堂里有扇十七世纪的窗户上画着自行车

位于英国白金汉郡斯托克·波吉斯的圣吉尔斯教堂，有一扇1643年的彩绘玻璃窗，窗上显然有一位天使骑着原始的"玩具马"。事实上，这不过是种单轮装置，彩色玻璃窗上的天使常常

---

① 冈特的约翰：兰开夏公爵，英王理查二世的叔父，在其年幼时摄政。其子亨利·博林布鲁克推翻理查二世，称亨利四世，开辟兰开斯特王朝。——本书注释均为编者注

被画成坐在那玩意儿上。它尾部有一道弧形，只是大部分被某种支撑物遮挡了，所以给现代人造成了错觉，让他们误以为它还有个后轮。

玻璃窗上的天使全身赤裸、吹着小号，诡异地预示了当今一年一度的世界裸骑活动[①]。

里程碑事件一

德莱斯发明了“玩具马”

“玩具马”是第一种实用型双轮个人交通工具。1817—1819年间，德国的卡尔·冯·德莱斯男爵发明的双轮车[②]曾风靡一时。虽然当时的“玩具马”没有踏板，人们只能用脚蹬地滑行，但是它确立了目前公认的自行车具备的几个核心特征：前轮可控制方向的两个同轴车轮，两个车轮之间有供骑行者坐下的鞍座，以及最重要的人行道骑行立法。由于当时人行道骑行给行人构成了很大的威胁，1835年通过了首批禁止自行车上人行道的法条。一直到德莱斯发明“玩具马”的时候，“双轮车”一词才真正流行起来，用以泛指人力驱动的双轮陆上交通工具。

---

① 由世界裸体自行车游行组织发起，以号召“拒绝石油依赖，彰显人体力量与个性”。该活动中，全裸或部分裸体均受鼓励，亦不强求所有参与者都赤身裸体。

② 德莱斯的发明本命名为德语“Laufmaschine”，即“会跑的机器”之意；在其申请专利后，德语或称“Draisine”，英语中作为外来词引入；法语则称“draisienne”。此三者现均用“velocipede”（旧式自行车）指代，但基于叙述需要，文中仍然以“双轮车”称呼。

假如有人将德莱斯的发明称为“玩具马”，你可以先皱皱眉，然后告诉那人这个称谓的来龙去脉。实际上，当时有一个叫丹尼斯·约翰逊的伦敦马车制造商，他把德莱斯的双轮车改造成了“行人用双轮轻便型马车”，而人们却乐于将其称为“玩具马”或“丹迪马”。如此一来，构成了自行车的又一特征：欧洲范围内自行车专业术语因语言不同而难以统一。

1817 年 6 月 12 日，德莱斯完成了人类历史上的首次骑行。他从曼海姆出发，骑行了 8 英里（约 13 公里），却只用了不到 1 小时。恐怕出租车司机头一次嚷嚷着呼吁给骑行者征道路税也发生在这一天。

然而，不幸的是，德莱斯的发明基本没去考虑骑行的舒适度，结果导致当时很多人兴致勃勃、一窝蜂似的买回家骑了几次后，实在忍受不了臀部和大腿的酸痛，只好将车扔进后院作罢。于是，自行车的又一特征确立了。

谜团三

柯克帕特里克·麦克米兰发明了首款脚踏自行车

1839 年，苏格兰邓弗里斯一个叫柯克帕特里克·麦克米兰的铁匠造出了首个曲柄踏板式双轮机器——或如传说所言有这么回事。可他却在一个糟糕的地方——戈尔伯尔斯[①]——骑车撞到了一个行人，还因此被罚款5先令[②]。这事儿同样只是传言，并无根据。

① 戈尔伯尔斯，苏格兰格拉斯哥一城区，曾以当地贫民窟和经济公寓闻名。
② 英国旧辅币单位，1 英镑合 20 先令。先令已于1971 年英国货币改革后废除。

事发几十年后，麦克米兰的侄子给某家报社写的一封信描述了整件事，还引用了事发当年一家老旧报社的新闻报道（报道对麦克米兰只字未提）作为证据，而这封可疑的信最终成了整个传言的源头。现在主流的观点（包括你的观点在内）认为，整件事根本就是无稽之谈。

里程碑事件二

颠簸车时代

十九世纪二十至五十年代，装有三个或四个轮子、巨大而笨重的机器横空出世（把多佛的威拉德·索耶[1]提上一提）。索耶的机器主要由曲柄驱动，但是其中也有一些设计相对来说还不算太脱离现实。虽然当时设计有各种踏板以供驱动，但是这些踏板没能让索耶的机器动起来。当然，得除去在陡坡上溜坡那种“动”不算。

到了十九世纪六十年代，一个法国人巧妙地想到在德莱斯双轮车的前轮安装踏板的主意，第一款流行于世的脚踏自行车由此诞生。至于其发明者究竟是皮埃尔·拉勒芒还是其对手皮埃尔·米修……只要有人认定这个皮埃尔，必有人唱反调说另一个皮埃尔。由于产量大、价格相对便宜，这款自行车在当时的法国、英国和美国掀起了一股短暂的骑车热潮。无论是在赛场上、

① 威拉德·索耶本为英格兰多佛的一名木匠，随即成为旧式自行车制造商，被认为是第一个真正意义上的职业自行车生产商。

杂志上，还是大众媒体宣传，都能看到一群疯子不顾危险地去骑车。镶铁的木质车轮滚起来可不会让你好受，“颠簸车”的名号由此而来。不过，但凡有人提到这个词，你都要佯装对此大有意见，坚称：其实在巴黎市中心漂亮光滑的马克当碎石路面上，或者在当时兴起的很多自行车道上，骑这款车还是很舒服的。

误导性里程碑事件一
“便士 - 法寻车”[①] 时代

十九世纪六十年代至八十年代中期，“便士 - 法寻车”成为当时英格兰地区的标准款自行车。“便士 - 法寻车”在之前颠簸车的基础上作了合理的改进，通过大幅扩大前轮以提高车速，同时借此更好地克服行程中的颠簸。这款车在当时还被称为“高轮车”或是“高轮自行车”，尔后又被叫做“普通车”。所以，再让你听到管它叫“便士 - 法寻车”的，你就可以大胆抨击了。毕竟，“高轮车之父”到底是英国的詹姆斯·斯塔利，还是法国的欧仁·迈耶——还是一样，但凡有人自个儿下了定论，你就坚持另一位才是真先驱。

高轮车既不好骑，骑起来还很危险，基本成为当时胆子大的年轻人的专利。一个叫托马斯·史蒂文斯的年轻人成了第一个骑

① “便士 - 法寻车”(penny-farthing bicycle)，即前轮大后轮小的自行车。其命名源于该种自行车前轮为后轮四倍之大，正如便士带动法寻一般。便士，英国辅币单位，但此处指 1971 年英国货币改革前的旧便士，1 英镑合 240 旧便士；法寻，英国旧辅币单位，1961 年废止，1 法寻合 1/4 旧便士。

着高轮车环游世界的人，他于 1884 年出发，至 1886 年结束旅途。除了一件可对折成帐篷的雨衣和一把枪之外，他几乎什么行李也没带。（很显然，他以前在伦敦骑过车，对伦敦的天气和治安状况比较了解。）而对于更多人来说，他们最远只能骑到第一个下坡，随后就会翻过车把被摔下来，猛落于地，把手腕摔断。

你可以头头是道地给别人讲一些关于骑这种车的技术难点，说得仿佛自己真的骑过一样。比如，向下踩会压迫实心橡胶轮胎的汤匙状刹车板不牢靠、蹬车与转向难以同时进行、上下车困难等等。（你就用“我以前试过一次”含糊过去，其实不过是你以前在赫尔的道路生活交通博物馆里被人好意提醒过不要用手摸高轮车。）

里程碑事件三

斯塔利发明了现代版安全自行车

车轮更小并带齿轮、前后轮大小调换的高轮车（过去作为后轮的较小的“法寻”车轮被前置）在当时被称为“安全自行车”。但是很快，“安全自行车”的大名又被用在了十九世纪八十年代出现的一款具有革命性意义的新型自行车上。1885—1891 年涌现出来的一系列新技术，推动了我们当今熟知的现代版自行车的形成，包括踏板通过链条和变速齿轮传动以驱动后轮，控制方向的前轮尺寸与后轮一致，菱形车架，弹簧车座……以及扎得破的轮胎。

基因池由此多样化：求婚者不再局限于步行半径（或被抓时的逃跑半径）里那些人家的姑娘。

1885年由约翰·肯普·斯塔利（詹姆斯·斯塔利的侄子）设计的那款罗孚车，绝对称得上现代自行车真正具有划时代意义的发明。当中产阶级开始买得起舒适又安全的自行车时，骑行比赛、旅游骑行、实用骑行风靡英格兰、法国乃至当时整个欧洲。当时一辆自行车差不多和如今一台汽车一样贵，人们往往赊购自行车。彼时"本年度车型"的概念也被迅速构建起来。

基因池由此多样化：求婚者不再局限于步行半径（或被抓时的逃跑半径）里那些人家的姑娘。女人们开始抛弃裙子，换上"合乎逻辑的衣服"，比如更为实用的灯笼裤（其英语原名"Bloomer"源自开辟了漫长的女性解放事业的美国社会改革家艾米莉亚·布鲁姆）。1895年，安妮·伦敦德里成为首位环球骑行的女性。你要是想换话题或者单纯想让某些讨厌的人不爽的话，伦敦德里的故事轻而易举地就能引入女权主义的讨论，可以顺势借伦敦德里的故事将话题引到女权主义上来。

谜团四

约翰·博伊德·邓禄普发明了充气轮胎

这位在贝尔法斯特工作的苏格兰兽医获得了充气轮胎的发明专利，其创立的邓禄普公司对充气轮胎的量化生产彻底革新了骑行。有了充气轮胎，骑行的舒适性大大增强，骑行者也有机会能够有三小时的“余裕”欣赏风景，并补好车胎——首先要把轮胎从轮框上卸下来。可惜，邓禄普糊里糊涂地以此重新改造了早已申请过专利的四轮马车，从而导致其发明变得毫无价值。好在他深谙改型设计和相关的法律业务，他的生意才幸免于难。想唱反调的话，就说：法国人爱德华·米其林才是自行车橡胶轮胎的真正先驱者，因为他在1891年就获得了更简便的可拆卸式自行车内胎的发明专利。

谜团五

二十世纪初，机动车道开始兴建

自二十世纪初，汽车开始冲击自行车的地位，占据了完全的主导优势，一度如火如荼的骑行热潮逐渐退去：美国首当其冲，紧接着是欧洲——在二十世纪下半叶，骑行在欧洲开始式微。但是你若认为道路的改良是机动车兴起的缘故的话，那就大错特错了。事实上，路面上早已开始铺就柏油，路况也逐渐改善，这很大程度上归功于自行车拥趸们的“施压”。

谜团六

二十世纪的技术创新源源不断

整个二十世纪，技术都在不断演进之中，而其中并无技术革命。你当然可以宣称：所有“当代”的技术进步——变速器、铝合金车架、碟轮、解剖型鞍座、无夹脚踏板、悬挂避震和折叠自行车——都源自维多利亚女王统治时期（她当时拥有一辆斯塔利皇家礼炮牌三轮车，这只庞大的铁怪物跑起来速度是很快，可惜她从来没有骑过）。

误导性里程碑事件二
山地车在二十世纪末问世

二十世纪七十年代山地自行车速降运动风靡美国加利福尼亚州的奥伦治县，山地自行车由此于1981年首次实现量产，成为标准的休闲自行车。骑车很危险早就不是什么新鲜事儿了。从高轮车流行的时代起，但凡你骑个自行车，就免不了从正下坡飞驰的自行车上摔下来，一头栽进泥地里。你得把山地车说成是一种营销手段，而不是技术的进步。或者说，你要是不明白为什么多雨城市的市中心，人们骑的自行车没有挡泥板，那是因为技术倒退[①]。

谜团七
引用赫伯特·乔治·威尔斯等人说过的话

倘若有人引用关于骑行的金句，大可要求他提供这段话的出处，只要不是拿随便一个谁博客或微博上写的一段话说事就行。就以赫伯特·乔治·威尔斯一句经常为人引用的话为例：“当我看

① 有说法认为没有挡泥板的自行车减震效果好、骑行速度更快，所以许多高端山地车、运动自行车不装配挡泥板。但其实设计到位的挡泥板可以提供空气动力，加快骑行速度。

到有成年人骑自行车，便不再为人类的未来感到绝望。”问题是，从来就没有人找到过这句话的出处。不过，威尔斯的确说过：“乌托邦里自行车道比比皆是。”（《现代乌托邦》）

谜团八

骑行者应缴纳道路税

二十一世纪初，关于骑行者与机动车如何分享公共资源的问题被作为重要议题提上日程来进行讨论。而早在120年前，自行车飙车族就已经成为各大报纸“市民信箱”版块里长期抨击的对象。所以说，这早就不是什么新鲜事儿了。

本书在“热门话题”中详细阐述了反对征收道路税的理由。实际上，第一条理由才读一半，你用“骑行”这个话题钓来的听众们就会无趣地走开，可不正合你意？

谜团九

环法途径最多、最大的山脉

比起环法国自行车赛（简称“环法”），环意大利自行车赛（简称“环意”）和环西班牙自行车赛（简称“环西”）的路线更为艰难，爬坡也更多，而且整体海拔相较之下增高了两千多米。你也可以勇敢地引用全球最臭名昭著的自行车运动员兰斯·阿姆斯特朗说过的话：“环意赛的莫蒂罗洛赛段是我遇到过最艰难的爬坡，坡度超过10%。”可神奇的是，只要注射富含新鲜氧气的血液，耐力就会大大提升[①]。

谜团十

阿尔普迪埃是环法难度最大的爬坡段

好不容易骑到赛段终点，骑手们早已筋疲力尽，这时往往会突然出现一个陡坡。正是这样让阿尔普迪埃在爬坡界获得了“无与伦比”的地位。而事实上，阿尔普迪埃赛段全长 9 英里（14.5 公里），坡度只有 7.5%。因此，单纯从坡度和距离上看，阿尔普迪埃只能算是 1 级爬坡[②]。

言语中要透露出你很了解环法的经典爬坡段（加利比耶、冯杜山、伊塞朗……如果这些名字用完了，随便说个十九世纪作家或者汽车制造商的名字），要给人一种完全是经验之谈的感觉，让他们以为你在法国骑过车因而亲眼——在明信片上——见证过。

---

① 此处是对兰斯·阿姆斯特朗的嘲讽。据称，阿姆斯特朗从 1996 年就开始使用违禁药物，其中包括红细胞生成素（红细胞是血液中输送氧气的最主要媒介）。

② 1 级爬坡（Category 1），可以是坡度较小的大山爬坡，也可以是坡度较陡的短途爬坡，比如 8 公里的长度配 8%的平均坡度，20 公里的长度配 5%的平均坡度。其中，坡度百分比＝垂直落差 ÷ 直线距离 ×100%。爬坡的分级并没有特别具体、明确的标准，其分级仅遵循大致规律。

骑行圈子

作为一个假行家，你应该了解自己的圈子。骑行圈并不是一个快乐的大家庭，而是由一群多元且各行其是的人所组成，他们各有特点，有时还可能互不对付。下文列举了十五种骑行圈子供你选择，你可以看看自己属于哪一类。当然，你的决定取决于你想打动哪种听众。

环保战士圈

信仰

环保战士相信世界正在走向灭亡，而这是你的错。所以，除了个人用的必需品外，你应该抵制飞机、抵制汽车、抵制超市、抵制快餐连锁店、抵制大品牌、抵制营利企业。每个人都应该骑自行车，因为这是一种可持续的生活方式，就像在非洲的那些国家一样。

精神家园

格拉斯顿伯里，威尔士，帐篷，朋友家的地板上。

穿戴

他们穿破旧的牛仔裤或裙子，搭配印有口号的T恤，脸上有穿孔。他们不戴头盔，否则会显得与长发绺不搭。

自行车

环保战士们骑的是破旧不堪的老款城市自行车。自行车自带破损的挡泥板、松垮的座套，车上还往往粘着呼吁早八百年前那些“崇高事业”的贴纸。

“社会活动家”圈

信仰

这些个“社会活动家”们相信公交、出租车、议会、警察、媒体乃至全世界都站在机动车那一边。有骑行设施（或是骑行设施匮乏）只有一个好处，就是他们可以拿这当话题在博客上曝光。每个人都应当骑自行车，如此一来，他们就能把不良驾驶行为给拍摄下来，并把拍下的视频上传到视频网站。

精神家园

市中心的商店外（拍摄自行车停车点匮乏现象的绝佳场所）。

穿戴

他们身着高能见度上衣，装配头盔摄像机、摄影机、笔记本、苹果手机——“路况投诉”应用程序始终都在运行中。

自行车

“社会活动家”们有装备精良的城市自行车，后视镜、电脑、两件套车灯、GPS 定位系统、工厂级车铃等一应俱全。

快递员圈

信仰

快递员们相信生命的意义在于生活本身，惊险刺激的生活更好，比如在人行道的街沿上骑车。送快递只是权宜之计，为的只是挣点钱来支付开派对、玩单车、玩音乐、合租公寓的账单，一旦找到一份更有意义的工作，比如……呃……

精神家园

伦敦市的主干道。快递员们会穿过栏杆与公交车之间狭小的通行区间，闯个把红灯。

穿戴

快递员们总穿邋遢的休闲服，有夸张的文身、极端的发型、拉长的耳垂、精心修剪的胡须（仅限男性），还有邮差包——主要用于携带需要紧急递送的企业快件（毫无意义的宣传影碟、毫无意义的新闻发布会材料、毫无意义的邀请函等）。

自行车

快递员们骑单速自行车（有利于灵活性），车把通常较短（便于在车流中穿梭），车身为极简主义风格（追求轻便与速度）。铁砧般大小的最高级安全锁挂在车把上（以恫吓想要“手撕”他们的出租车司机）。

“玛米尔”圈

信仰

“玛米尔”（MAMIL），就是穿莱卡面料服饰的中年男子（Middle-Aged Man in Lycra）。不管信不信，谁都总有这一天的。去年爬楼梯时还气喘吁吁，四十岁到来的突然之间就骑上了自行车。“玛米尔”因骑车体会到了前所未有的快乐：结识新的朋友，重获新的生命。可恨啊，这种感觉是他们老婆永远体会不到的。

精神家园

省级城市的郊区，躺在床上读有关铁人三项的杂志。

穿戴

“玛米尔”们上身着热带雨林蟾蜍般颜色的涤纶骑手服；头盔

在顶，尤其会在酒吧的啤酒花园里佩戴；下身着莱卡紧身裤，它的弹性对于晚上的主要事项来说是必不可少的——在健身俱乐部跑步的过程中享用茶室糕点。

自行车

“玛米尔”们骑着价值 2 000 英镑的碳纤维公路车，因为在上个月发行的《骑行 +》杂志中，它冠绝“预算”比较评论排行榜。用来聊它的时间要远多于骑它的时间。

“诗想者”圈

信仰

世界变得太快了——诗想者的意思是，凡是比自行车速度快的东西都太快了。真不知道那些急着开车（乘车）或者坐火车上班的人是怎么抽出时间来写小说的。诗想者们喜欢骑行的社交属性：可以去酒吧一个人安静地看书，远离家人。要是有更多人愿意花时间去骑车，而不是去搞制造业和推销，全球经济也不会陷入崩溃。

精神家园

在偏远的乡村墓地阅读菲利普·拉金[①]的作品。

---

① 菲利普·拉金，英国著名诗人、小说家、爵士乐评论家，有《少受欺骗者》《降临节婚礼》《高窗》等诗集。1984 年曾被授予桂冠诗人称号，但被他谢绝。

穿戴

诗想者只以传统服饰示人：雨衣、帽子、围巾、斜纹软呢外套、休闲裤、布洛克鞋等。

自行车

他们通常骑二十世纪五十年代的兰令牌女式三速自行车，带链罩，有车铃，车后座上会挂包——包里面装着三明治、T. S. 艾略特的书还有《卫报》的“填字游戏”版。

周末山地车手圈

信仰

周末山地车手认为，闲暇时间很宝贵，所以要驱车数小时到很远的森林里骑车游乐。只要有一台配有自行车托架的SUV，所有人都应该去骑车。

精神家园

譬如威尔士的国王之木森林公园、北约克的达比森林小路附近的酒吧，骑行后与同伴一起在酒吧里休憩，只是不能喝酒，怎么说车还是要开回家的。

穿戴

周末山地车手的防水外套背上总附带竖条的泥渍，里头肯定是莱卡紧身衣。去年一头栽在地上，额头上留下的伤疤还依稀可见，这让周末山地车手的自豪感油然而生。但鉴于安全第一，头盔得随时佩戴，戴上头盔总意味着可以承受更多风险。

自行车

周末山地车手配备中档全减震山地车，可它们在车顶架上的时间远比在地面上跑的时间多。也没人弄得清楚这些车是什么牌子的，毕竟谁也看不透糊着泥巴的车架。

通勤圈

信仰

上班族们坚信每个人都应该骑车上班，因为这不仅是最快、最可靠的通勤方式，还有助于提高员工的工作效率。此外，骑车到公司后还可以在工作时间冲一个二十分钟的澡。

精神家园

冲完澡后，骑车通勤的上班族坐在办公桌前，神清气爽，精神抖擞，准备好打开电脑大干一场，一边在社交平台上浏览骑行新热点。

穿戴

上班族的标准配置有昆虫眼太阳镜、莱卡紧身衣、拉风的高能见度黄色外套（即使是在阳光明媚的早晨，他们也这么穿，就为了混淆红灯已经跳出来了的视听）、小双肩包（里面装着毛巾、洗漱用具和可以花十分钟工作时间来熨烫的时髦长裤）。

自行车

上班族要么骑高速公路车，要么骑顶级折叠车，他们对省钱这项事业总是贯彻到底。他们的“坐骑”还是上班的时候花一个下午在省钱网站上认真搜索好评最佳的车款才买的。

赛车圈

信仰

没有痛苦，没有训练，就没有收获！环法自行车赛是体能的终极挑战！瞧瞧冯斯托·科比、雅克·安克蒂尔、贝纳·伊诺、米格尔·安杜兰、埃迪·墨克思——不，他们都是骑手，算不上爬坡好手。你脑海里要想着加利比耶、图尔马莱、阿尔普迪埃这些爬坡赛段，再看看环法楷模汤姆·辛普森在过量服药（不是过量饮酒）后死在了冯杜山上。瞧瞧，你敢当真吗？

精神家园

每个赛车骑手都梦想着在引导主车团攀爬陡峭的山坡时吸食能量胶。不然，就是想着回家用电脑检查骑行时心脏监测仪的数据。

穿戴

除了面露苦相之外，其他与“玛米尔”一样。

自行车

正如兰斯（又是这位老兄）在其自传中所说：重要的不是自行车。可以防万一你骑的车确实很重要，那它应该是一辆价值5 000英镑、碳纤维材质的皮纳瑞罗牌自行车。

观光圈

信仰

观光骑手不喜欢被禁闭在小汽车或长途巴士的金属牢笼里，不喜欢在这些密闭空间内与人交流、不喜欢不断停站加油或下客、不想中暑或者被蚊虫叮咬等等。骑行可以呼吸新鲜空气，尤其可以享受逆风吹拂的感觉；骑行还可以让你随心所欲地去任何地方，除了火车和公交车不允许乘客携带自行车之外，没有什么可以阻挡你，甚至雨天、老旧地图上没有标出的高速公路或是某个周六晚上在距离下一个城镇30英里（约48公里）的地方发生机械故障也不能。这就是自由！每个人都应该像这样骑车去旅行。

精神家园

观光骑手常常会发现自己身处乡村公交站，一边拿着三明治和水瓶躲雨，一边用手机找信号以预订住宿加早餐的旅馆。

穿戴

T恤、短裤和墨镜于观光客来说足矣。

自行车

观光骑手骑的旅行车负载较重：鼓鼓囊囊的前车篮，叠着干净衣服、帐篷和睡袋的后驮包，车架上还扎着各家超市的塑料袋。他们必备三只水壶，其中一瓶装满了昨晚喝剩下的红葡萄酒。还有挂在车把上用来装护照、相机、糕点等贵重物品的袋子。

“极客”圈

信仰

“极客”信仰理性主义和科学，比如：“$n+1$”公式可以用来表示理想的自行车数量（其中“n”代表当前拥有的自行车数量）。

精神家园

他们在上锁的自家车库里，捣鼓一台从跳蚤市场救出的、早就废弃的二十世纪八十年代产的戴维斯银河牌，试图进行修复；或者在二手货网站上，竞拍一台四十年代的发电机。

穿戴

“极客”会穿着昨天穿过的衣服，辅以略带不安的微笑。他们同行的伙伴耐心越来越差。

自行车

斜躺自行车、六十年代的超市购物车、达斯莱·佩德森牌自行车（二十世纪二十年代的达斯莱·佩德森牌自行车设计怪异，类似于带轮子的棚架带了个吊床一样的鞍座，是自行车“极客”的必备）、电动自行车或者独轮车，均为“极客”而设。

慈善骑手圈

信仰

骑行是件既危险又困难的事，所以每年只能在有组织的团体活动中骑个一次。骑行还会让人很痛苦，所以拉你去骑车的朋友应该花钱请你骑车才对。但至少有人可以通过骑车募集大量善款来补贴穷人，比如那些搞慈善骑行的人。而且你还有假期，骑车度过只比坐公交车或者火车去远处度过贵那么一丁点儿。

精神家园

慈善骑手的募捐网站主页上有一张鲜明的大图，上面赫然写着：

> 终于结束了！！！是时候把自行车扔回车库再放一年了！！！

穿戴

慈善骑手们身着印有慈善标志的T恤、加绒短裤。他们的朋友始终无情地抵抗着他们反复发射的“赞助我，不然我会疯”的电子邮件炮弹。

自行车

他们骑什么样的自行车还用问吗？脚踏车呗，轮子和配件都还在，放在车库里常年不用的那种。

溺爱家庭圈

信仰

溺爱下一代的家长相信公路骑行能够给小孩儿带来自信和独立，有助于他们为进入成年人的世界做好准备。但显然他们还不够自信、独立。不能让孩子骑车上学，只能开车送他们去学校，上学路上车水马龙、交通状况糟糕，太危险了。他们必须在有陪护的情况下，在没有机动车的铁路自行车道上骑车；或者在每年那些企业赞助的封路骑行活动中，才能上路骑车。这样才能给孩子们营造安全的环境，让他们体验骑车这一增强自信心的人生技能，比如长大后利用这种“技能”组织公关活动和媒体宣传。

精神家园

本地公园。家长会确保自己的孩子不会跌倒在草地上，因为有些小孩可能会对叶绿素过敏。

穿戴

溺爱家庭很有可能会反着戴头盔。防晒霜和防水服是必备，太阳镜、反光服装也不可或缺。

自行车

孩子骑儿童拖车（可以接挂在家长骑的自行车鞍管上的单轮拖挂小车）；家长的自行车上安了面高高的塑料旗帜，野餐篮里有无麸质、无坚果的有机午餐、草本茶、豆奶等。

实用骑行圈

信仰

谁会需要专门用来购物和旅行的自行车呢？我们应该像荷兰人那样。在荷兰这么个对自行车友好的国家，每个人都骑车，无论贫富，老少皆宜，甚至犯罪分子和恐怖分子都骑车。英国的所有城镇倘若都能像令人赏心悦目的斯蒂文尼奇或米尔顿·凯恩斯那样有独立的自行车道，它们会更加宜居。保守党的政客倾向于加入实用型骑手的圈子，但我们也常常能看到这些政客们被装着重要国家文件的黑色“油老虎”尾随的场面。

精神家园

实用型骑手的精神家园总是荷兰；荷兰去不了，那就去剑桥；再去不了，就是任何地势平坦、没啥风景、风还挺大的小镇，比如相当受欢迎的威斯敏斯特。

穿戴

他们就穿平时骑车穿的衣服——从裤子上的油渍和破洞就可

以看出来；决不戴头盔，装满买来东西的后座驮包足够用来缓冲了，话虽如此，只是在超市与邮局之间用 5 英里 / 小时（8 公里 / 小时）的速度骑个车发生这种事故也不大可能。

自行车

破旧不堪但结实的城市自行车，后面可能会拉一辆被每周采购、水泥袋、衣帽架和自己小孩等等物什压得嘎吱作响的独轮拖车。

退休养老圈

信仰

除了和退休俱乐部的老伙伴一起骑车去郊外之外，还有什么其他更好玩的方式来度过你“人生第三段”[①]的时光呢？而且这样就不会有什么机会遇到粗暴的小年轻，因为他们又矮又胖，根本就追不上。

精神家园

他们偏爱距离自己郊区的家有 50 英里（约 80 公里）的狭长乡村小路。

---

① “人生第三段”（third age），指 55—70 岁之间的年龄段，介于中年和老年之间。

穿戴

养老休闲派骑手的装备同“玛米尔”一样，只是看起来不像新买来的。他们脸上总带着快活的微笑，长袖莱卡衫常常穿在最外层。

自行车

他们骑戴维斯超级银河牌自行车，车的年代与他们结婚的日子一样久远。

“最佳骑手”圈

信仰

基本上你所认同的，“最佳骑手”们都会相信。

精神家园

你觉得最舒适的地方，对“最佳骑手”们而言也是一样。

穿戴

有时与你此时的穿戴没什么两样。

自行车

无独有偶，“最佳骑手”骑的自行车和你骑的自行车也几乎一模一样。

注意：以上“骑行圈子”的分类不包括那些骑车从不靠近马路骑的群体，比如骑小轮车[①]或场地自行车的人群。这类自行车属于“NPBs”，即“不合适的自行车”(Not Proper Bikes)。毕竟，如果你从来没有被公交车别过车，那你就称不上是一个真正的骑手。

① 小轮车(BMX)，全称“Bicycle Motocross”。小轮车项目起源于年轻自行车手挪用越野赛道进行娱乐和特技表演，最终演变成专门的小轮车比赛。小轮车于2008年北京奥运会成为正式比赛项目。

购 车

买二手自行车是最明智的选择。好车的价值可以延续，用过几十年的优质机器换上新的零配件之后升级改造也很容易。于是，你大可提提自己如何淘到了便宜的二手好车，比如从 eBay 上（实际上不大可能：你会因着在付款截止期限快到的时候着急要买而出价过高，你不仅没有见过要买的这台车，而且提货地点还是寄不了大件快递的老远的地方）、从“橡胶树”[1]上（实际上也不大可能：你会质疑为什么那个卖家对那款车的来源闪烁其词，为什么卖家只提供给你一个手机号码，同时还在为另外 15 辆自行车打广告）或者在警察局的拍卖会上（实际上，它们通常只会是一堆废金属）。

综上所述，你大概率还是会选择买新车。要鄙视网购的人，

① 橡胶树（Gumtree），英国最大的分类信息网站，提供包括租房、招聘、二手车交易、交友等内容，覆盖范围已超过英国本土。

坚持必须先试骑一下再投入金钱购买的原则。买自行车就和谈恋爱一样。网购盒子里送来的自行车好比才网聊订了婚，马上就邮寄来了个阿尔巴尼亚老婆一样。

超市也是如此：要是一辆自行车和一瓶祝寿香槟一个价，那它们的使用周期也差不多。超市购物车都能提供比这种车更舒适、更具操纵感的体验。

最后，你的选择只剩下零售连锁店（在英国的话，比如埃文斯车行或哈尔弗兹车行）或当地的个体自行车行了。两者的价格差别不大，但一般连锁车行给你泊汽车的条件会更好。所以连锁车行适合那些惯于把自行车放在汽车后备厢而不是让它经常在自行车道上跑跑的买家。

个体车行的员工一般更有见识，而不是连锁店那种间隔年[①]出来打工攒钱好去滑雪旅行的大学生。个体车行值得你认可，以防你要思索怎么把一个故事夸张化。你可以对车行老板直呼其名（而不是称姓）以暗示自己与专业人士的熟稔，比如来一句："'自行车天堂'那家店里的安迪告诉我……"

自行车主要有两种类型：一种是人们想要的，一种是人们真正需要的。

---

① 间隔年（gap year），常见于欧美学生在中学毕业之后、升读专本院校之前，腾出一年的时间以实践的方式来体验自己感兴趣的工作、生活方式，例如旅行、修读（非）学术课程、义工服务、工作假期计划等。

当然，你永远不会买本季上市的昂贵车型：因为你已经用荒谬的清仓价买了上一季的车型。

暗示你通过“骑车上班计划”[1]买过新的自行车。参加该计划的公司让他们的员工以一种节税的方式（实际上就是半价）租购一辆自行车，每月从他们的工资单上扣一笔小钱。而你，或许利用了一些漏洞，让它更便宜。（除非对方说他们是这么买来的自行车。那样的话，你就急喘一口气，说最近的形势变化让它变得不再那么有利可图了。警告他们：要是他们被发现在工作之外使用公司租购的自行车，可能会引来税务调查；“租购”意味着自行车是公司的，而不是你的；等等。）

自行车类型

自行车主要有两种类型：一种是人们想要的，一种是人们真正需要的。

绝大多数人想要的是一辆便宜的山地车——27个挡位、拖拉机轮胎、全避震、没有挡泥板、碟式刹车、大尺寸的软鞍座。他们想象中的在乡村山路爬坡、有技巧地下坡速降实际上并不会发生。相反，他们只会于法定节假日在平坦的自行车道上骑一次车，然后就把自行车扔进后院小棚屋过冬。

绝大多数人真正需要的是一辆中等价位的城市自行车——中

① “骑车上班计划”（Cycle to Work Scheme）是英国政府推出的一项免税举措，目的在于促进更健康的上班方式、减少环境污染。该项计划允许雇主将自行车和骑行安全设备租借给雇员，作为一项免税福利。

档轮胎、7 个左右的挡位（7 个挡位足以应付除越野和竞赛以外的一切骑行需要）、无避震（因为保养成本太高）、合适的挡泥板（在乡下小镇尤为必要）、普通刹车以及一个结实的小鞍座（减少背部疼痛）。

然而，商店卖的是人们会买的商品，而不是他们必需的商品。所以，你在展厅只会看到一两辆中档自行车被折价出售、堆在角落，而整个门店都会堆满各种公路车和山地车。

根据骑行姿势，自行车可分为狐獴站立式（城市自行车）与车把贴鼻式（赛车）。同样，车把可分为手推型（城市自行车）、扁平型（混合型自行车和山地车）、倒鹿角型（旅行车和赛车）、超人式前臂伸展型（三轮车）。

下文会简要介绍以上从最常见到最罕见的车型，同时提出购车建议。假行家可以暗示自己曾有过其中某一车型，在你意识到它有多浪费钱之后，转手上网卖给了一个愿意花钱的傻瓜。

需要注意的是，有些类型的自行车会有互相交叉的特质，尤其是它们在路口闯红灯的时候。

混合型自行车

说白了就是“没牌子的自行车”，基本上可以算是山地车，只不过没山地车那么坚固耐用。

优点

混合型自行车适合在城市街道、纤道、铁路旁的自行车道上骑行。通常质量不差，即使一年里有360天被挤在车库杂物里，也不会有大问题。

缺点

混合型自行车的27个挡位中，真正能用得上的只有3个。也就是说，如果这3个挡位坏了，换起整个变速套件来价格虚高。它没有挡泥板，而没有挡泥板的自行车在下雨天就成了都市泥浆传播机。它还没有后座架，自行车没有后座架的话，车主就只能把行李装进双肩包，可背着双肩包骑车既不舒服，还容易汗流浃背——你的同事或是酒吧里的邻座也会很不舒服。

买哪种车更合适?

城市自行车。(“你们城里到底哪里有山呢?”)

山地自行车(MTB)

山地车适用于艰难的爬坡和下坡，其车把扁平；十有八九是后避震，但也有前避震的可能；刹车的制动性能强；有大于20个的奇数挡位；轮胎大且宽，26英寸的太小，29英寸的则太大[①]；美式气门嘴，类似机动车；极简的外观设计，不装挡泥板或任何的装饰板，再便宜的也不装。

---

① 传统的自行车尺寸依据对轮胎外径的测量，常以英寸或毫米为单位。26英寸车胎对应650毫米，29英寸车胎对应700毫米。

优点

山地车的低挡位适合上坡。结实耐用，能够应对非常崎岖的石子路，也能塞得进汽车或救护车的后车厢。

缺点

在公路上骑山地车很累，效率也不高，而且不能带行李，所以只适合长途汽车或火车为主要代步方式的日间越野环赛道。

买哪种车更合适？

要么买明年的新款，挑一款规格好得多的；要么买去年的旧款，挑一款规格差不多但是便宜很多的。

仿制车（BSO）

仿制山地车在网上或超市里的售价都极为便宜。这种车一般都装在盒子里，需要车主自行组装。装盒运送可能更结实、便于运输。

优点

懂机械的车主可以通过更换一些零部件（比如刹车、鞍座、链条、齿轮、车轮、车把、挡泥板和车架等）使其成为更看得过去的自行车。

缺点

人们经常会犯的错误是把前叉装反，这不仅会使自行车骑起来极不舒适，而且可能会发生危险；另一个错误在于，把前叉装对了方向，也会让自行车骑起来极不舒适，同样可能带来危险。仿制车的每个零部件的质量都很差，因此整部车都很不结实，尤其是后轮。

买哪种车更合适？

买辆真的自行车。

公路自行车

公路车专为速度而生，适用于在光滑的柏油路面上比赛。公路车特点在于 700C 的轮圈（即车轮直径 700 毫米，源于法国而非美国标准），带有可旋拧压气盖的法式气门嘴，刀片式鞍座，很可能是碳纤维材质的车架。通常色彩酷炫，车身整体瘦如骨架，自重相当轻。骑行时，与骑手一样几乎可以做到无声。

优点

公路自行车采用“尖”端技术，尤其是当你以 50 英里 / 小时（约 80 公里 / 小时）的速度下坡摔在车上时，车上尖锐的棱角能体现这点；它轻如鸿毛，当超薄轮胎被刺穿，你因为没有修理工具而不得不将它扛回车上的时候，其轻便的优势就得以体现。

缺点

梦中情车，所以遭贼惦记，够好用的车锁比车还重，此为一大败笔，所以永远不能把车停放在户外。车胎狭窄带来的问题是，除了非常平坦的道路之外，在其他路面上骑行都会让骑手不大舒服，哪怕这样确实能掩盖在哈德诺山口[①]不间断爬坡带来的痛苦。

买哪种车更合适？

挑一款款式相同的公路车，轻个1磅（约500克），贵个1 000镑（指英镑）。但要是它们在比赛中只有0.1%的差别，那还是算了吧！

折叠车

一般是轨道交通通勤上班族使用的小轮交通工具，其变体还包括折叠山地车、折叠公路车，甚至折叠电动车。折叠车似乎颠覆了我们对交通工具的固有认知。你可以骑着折叠车去悉尼，还可以把它装进购物袋甚至更小的空间里，比如火车上的自行车停放位。

优点

折叠车可以像猫一样不声不响地睡在楼梯下的橱柜里，而不

---

① 哈德诺山口（Hardknott Pass）是英格兰坎布里亚湖区国家公园内埃斯克代尔和杜顿谷之间的一个山口。这条柏油路是英格兰最陡峭的三条道路之一，它的最大坡度为1/3（约33%）。

是停在过道里攻击人们的小腿骨；可以窝在餐厅和酒吧的桌子下面，这样你就不用把它们锁在外面的“禁止在这里骑车”的牌子上；可以毫不费力地放进后车厢，而不像塞个被你绑架的人进去那么艰难；几乎不贬值，要是堵车了，你可以卖了它然后打辆出租车；还可以逗小孩儿开心——看看你倒腾半天就是打不开车的狼狈样儿。（关于打开“小布”[1]的一个小提示：先把鞍座抬起来。）

缺点

廉价折叠车很差劲，而好的折叠车（比如“小布”）又太贵。折叠车的骑行舒适度永远都比不上普通自行车。

买哪种车更合适？

买一款折起来慢些、不要折得太小但骑行感受更好的车型（如果他们在火车站和公司之间的骑行距离超过比方说三公里）；或者反其道而行（如果骑行距离少于三公里）。但无论上述哪款，都是比较贵的。

城市自行车（又称“荷兰自行车”）

高大、结实、挺拔，就像荷兰人——也是使用这款自行车的骑手。在英国，自行车广告里的城市自行车，更多是身穿连衣裙

① “小布”，指布朗普顿牌折叠自行车，该品牌为英国最知名折叠车品牌，被消费者亲切地称为“小布”。

的长发年轻女子在骑，而不是戴着布帽的灰发老头在街上骑。一跨而上的车架对上述两种人都合适。挡位少，挡位不高：从信号灯闪烁开始，要骑上较长一段时间才能提速，没什么意思。

优点

有利于锻炼肌肉，因为拽着这种车，不论是上下马路牙子还是上下楼梯都不是一件容易的事。方便你购物或者逛咖啡店的车型，所以对腰围非常不利。城市自行车是当下的复古潮流，即使当它不再时髦，其链罩、挡泥板、后座架、车铃、车篮、气泵、撑脚架的废品回收利用价值仍然很高。除非是有叉车，一般没有人会想去偷一辆城市自行车。

缺点

好车贵到让人不可思议——每英担[①]的价格还是相当合算的。

买哪种车更合适？

折叠自行车在城市里也一样方便，还能提升把自行车带上火车、公交车等交通工具的可能性，不需要的时候能够轻松塞在楼梯下面。如果折叠车的舒适性是个大问题，带脚轮的铁床既省钱，还能够带来类似的舒适体验。

① 英担，英制重量单位，1 吨 =20 英担。

旅行自行车

旅行自行车适合大载重量的长途舒适旅行——号称自行车中的房车。下弯式车把可以让骑手在避不开全天逆风时也能全程蹲伏。车座架和驮包既可以前置又可以后置，驮包里装得下环球旅行必备的各种行李（高清影碟、智能手机、写博客要用的笔记本电脑等）。只是去趟酒吧的话，这些装备可就不必了。

优点

结实的车架和车轮足以应对崎岖的路面：农场小径，运河纤道，甚至是伦敦的某些道路。旅行自行车非常适合用来购物：能载自行车价值两倍的东西。

缺点

旅行车市场仍然小众，售价高，而且很难买到。好车能用一辈子，所以没有任何借口再买一辆今年推出的新款。

买哪种车更合适？

你可以尝试建议旅行车骑手使用“长途自行车”（混合型旅行自行车的模糊术语），但是他们根本听不进去，因为他们会忙着给你展示上次旅行时拍的照片。

电动自行车

电动自行车通常是混合动力自行车，当然也有其他动力类型。把电动机装在自行车上，为的是给踏板提供更大动力，毕竟踏板不会自己踩。预计“明年”电动自行车将成为主流，而且往后都会是主流。

优点

骑着电动自行车，上坡如履平地，逆风如沐春风，碎石路面恍如平滑的柏油路——此般骑行乐趣！电动自行车适合休闲观光，是老弱病残的福音。它同样有益于身体健康，把它抬起来就可以锻炼你的肱二头肌。

缺点

质量好（可靠的电机、长寿的蓄电池）的电动自行车很贵。电动自行车普遍很重，尤其在爬陡坡前你发现电量不足的时候。电动自行车往往给自己蹬车的人“作弊”的感觉，其实他们就是羡慕嫉妒。

买哪种车更合适？

要买就买贵的电动自行车：续航里程要更长，工程设计要更好，要曲柄连杆电机，不要轮毂电机。或者就买便宜货，好省下钱来度假用。

奇葩自行车

躺车

就是带车轮的扶手椅，“极客”的最爱。他们对舒适的骑行空间进行了奢侈的定制：车把式高保真音响设备、多视角摄像头、饮料柜等。平地上行驶速度快，但是上坡却很艰难。它在车流中几乎不显眼，只是在视频网站上很受关注。

协力车

协力车，即双人自行车，不允许带上火车，也很难找到停车位。理论上说，逆风阻力减少会使得骑行速度变快，但是实际上骑速很慢，原因是后方骑手（司炉工[①]）根本不出力——至少前方骑手（船长）是这样认为的。如此一来，会威胁双方的情谊。下坡时车速都是快的，协力车也是如此。

“死飞”

“死飞”正是极简主义风格的都市时尚宣言：无齿轮、无活飞轮、无车灯。可能用的是老旧但质量上乘的车架，重新喷过漆，但也不会为它的价值增加几分。

三轮车

三轮车的操控方式怪异，容易让人产生疲劳。三轮车的稳定性在其静止状态下尤为突出。

手动自行车

众多行动不便者的福音。有了手动自行车，他们可以随心所

① “司炉工”和“船长”的矛盾典出卡夫卡短篇小说《司炉》。

欲地去任何地方，除非在自行车道上遇到障碍物。

独轮车、小轮车、场地自行车

别想吹嘘自己会骑没有刹车的东西，连试都不要去试。

选车

要自信地谈论试车过程。所有人都有共识：买自行车之前必须先试一试，就像定制西装一样，根据骑手的身形——臂长、腿长进行匹配。除了自行车制造专家之外，没有人了解具体的细节，所以你可以畅所欲言，而这会让绝大多数人对你刮目相看。含糊其辞地说说测量“跨高”（在不提高你发声音量的情况下，你能跨过多高的自行车横档）的相关过程就好，比如你靠在墙上，让朋友在你双腿之间尽可能高、尽可能不难受地放一本书。这对你寻找合适的车架尺寸帮不了多大忙，但是花一下午的时间干这事儿还是挺有意思的，尤其是挑哪本书也值得发挥一下想象力。

传统的将车架尺寸与腿长相关联的准则现在只能提供大概的参考，这还要归功于小型山地车车架的出现。所以，你可以适时将话题转移到鞍座上，好让每个人都能够参与进来。

每个人都会以为自己了解对于自行车鞍座的主要观点：

1. 外行骑手总是会把鞍座调得很低（最合适的鞍座高度应该是脚将踏板踏到最底端时腿是直的）。
2. 外行骑手会错误地认为：鞍座越大越软，舒适度会越高

（小而硬的鞍座其实更好）。

3. 女性需要与男性不同的鞍座形状。

中空的鞍座对男性有好处，这样一来，他们的前列腺就不会被压扁——此时你可以转移话题，谈谈体检相关的奇闻轶事。谈话中千万不要涉及自行车鞍座导致阳痿的任何话题。你可以以“美国某项奇葩的调查”为开头，只说“铁人三项运动员服药”的事，并暗示“其他研究表明，骑自行车的人要比不骑自行车的人生育能力更强”。虽然这肯定不正确，但是大多数人听了都会开心地当真。

中空的鞍座对女性则没有什么好处，但是她们确实需要更宽的鞍座，因为女性的盆骨普遍要比男性的盆骨宽。因此，女性坐在男式鞍座上骑车会觉得不舒服。然而，从性别政治的角度讲，你既可以指责把男式鞍座卖给女性的男人（指责其愚昧无知），又可以责怪买了男式鞍座的女性（同样指责其愚昧无知）。

骑行装备

骑车对装备的要求不高。比如说，用来吹嘘自己曾经骑车去过偏远的乡村酒吧喝酒，柠檬酱色的莱卡紧身上衣是个强有力的证据，但它并不适合真正的日常骑行者。按照优先次序，骑行最实用的装备有：

车灯

自行车灯必不可少。与前互联网时代那种吃电池的怪物相去甚远，现代的 LED 车灯甚至可以装在口袋里，整个冬天的照明只需一组电池就够了。除此之外，在光线差的地方，比如在小吃店看菜单或在越野自行车道上溜达的时候，LED 车灯还可以用做临时手电筒。

便宜的车灯（比如从一元店买来的那种），是自行车装备界的真人秀明星：华而不实，黯淡无光，而且很快就会摔得粉碎。但它们很有用，可以放在你的驮包里，碰到那些不想冒险在没有照明的路上骑车回家而选择熬夜泡吧的骑手，就“慷慨”地送给他们。一元店一对灯的汇率是三杯酒——回报率还是很可观的。

有些人爱往车灯上搞些小把戏并对此沾沾自喜，比如发条式充电车灯。你其实可以吓唬吓唬他们，问他们的自行车是否符合英国标准 6102/3。如果不符合标准，那么他们就违法了。因为你的自行车在夜间必须使用符合“英标”的东西照明，要是不符合，则会被拦下并罚款。话说回来，若有好事者对你不好好装车灯指指点点的话，你就诡辩说：其实很难找到充足的证据证明照明设备不好的自行车出车祸的概率更大。

你再进一步论证：晚上在野路或自行车道上骑车，有时候不用车灯反而更安全。车灯灯光会收缩骑车人的瞳孔，使得白色灯光照射范围外的视力都会变得更差。无论你是不是真的不装车灯，这样说肯定会让你听起来自信非凡、经验丰富，仿佛你真是那种在浪漫月光下骑车的人。

打气筒气门嘴转换头

打气筒气门嘴转换头是一个小小的金属环，主要用于两种内胎气门嘴之间的转换，即法式气门嘴（常见于赛车）与美式气门嘴（常见于山地车，与汽车轮胎使用的气门嘴一样）。最好每次出门都带上。价格虽然不高，但是用处很大。每条阳光明媚的休闲自行车赛道上，总会有人茫然地站在他们翻倒的自行车旁不知所措：瘪了的车胎上是法式气门嘴，打气筒只能对着美式气门嘴打气。

这个转换头能救他们于格式不兼容的水火。要是他们魅力十足，还是你喜欢的性别，那这个转换头就是你所做的最好的投资。被你帮助的那人会觉得你是一个强悍的、有能力的、哪儿都去过的人，觉得你敢直接用手揭开开水壶、是能赤手空拳捉住鳄鱼的强中手。而你不过是花了50便士[①]买了一个黄铜物件放在工具包里。

关于打气筒，伦敦有些街上装有免费的公用打气筒（第一个装在伦敦肯宁顿区的“三头公鹿”酒吧外）。要是找不见公用打气筒，最好背上一个立式打气筒，就是有个马镫一样配件的打气筒，也是路过的骑手向自行车行借来用却不付钱、惹得车行老板一脸不高兴的那种。

自行车租赁

其实你并不需要真正拥有一辆自行车，也能自信地吹嘘骑车那些事儿，这要归功于越来越多的自行车租赁方式。别人对你根本没有骑电动自行车、高端车架材料的自行车、折叠双人协力车等车款经验的质疑，你都反驳说曾经租用过此类自行车就行。

国外旅行

想在国外旅行骑车，有两种选择：要么你在西班牙花100欧

① 便士，英国辅币单位，现行便士为1971年英国货币改革后的新便士。1英镑＝100新便士，相当于中国的“分”。

元租一辆售价 5 000 美元的、碳纤维材质的佳能戴尔牌自行车去“和男孩女孩们一起训练一周”；要么花 25 便士租一辆笨重老旧的城市自行车，去探索一些“观光客们从来不会去”的发展中国家城镇。

英国休闲骑行

大多数受欢迎的车道都提供自行车租赁服务——方便但昂贵，尤其是电动自行车。暗示你能拿到某种特殊的折扣或特价总是值得的。

城市自行车

许多英国城镇都推出了本地的公共自行车租赁计划，注册后就能低价租用一辆自行车 30—90 分钟，从一个停靠站取车，然后再还回到另一个停靠站。这一设想发端于巴黎自行车租赁系统（Vélib）。英国的公共自行车租赁方案层出不穷，但是规模上都不及伦敦的“鲍里斯车”（Boris Bikes）。这个昵称来自 2010 年该项计划被推出时恰巧在任上的伦敦市长鲍里斯 · 约翰逊，目前由桑坦德银行赞助。一方面，这类公共自行车租赁计划较为灵活而且很有意思，不仅方便了人们在伦敦出行，也改变了伦敦的休闲骑行文化；另一方面，它们也是“面子工程”，需要投入巨额资金，却无法缓解交通拥堵，还把游客们摇摇晃晃地都送到了大街上。

无桩自行车租赁

基于手机应用的无桩自行车租赁计划起源于远东地区，由OfO、摩拜单车等公司最先推出，不需要停靠站或车桩。这些小车身披亮丽的颜色，出现在英国很多大城市里，往往停放在人行道上。需要用车的用户可以通过手机应用找到上一名用户骑完停放后、离自己最近的自行车，在河底或树上都可以找到。

如果有人质疑你为什么没有自行车，就说你的自行车被偷了。大家都会信。

其他装备

以下装备不是必需品，列出来只是为了方便你点评之需。

服装

你的见解：日常骑行穿日常服装。所有那些花哨的莱卡紧身衣、所有那些广告铺天盖地的聚酯纤维自行车上衣、所有那些头盔和防滑钉，都不过是那些此地无银三百两的人的噱头。通勤、购物、旅游、泡吧、访亲、走友、见理疗师……都不需要“骑行装备”。“日常骑行穿日常服装”，不仅能解释为什么你没有穿荧光色上衣和马克斯·沃尔[1]那样的紧身裤，还解释了你的裤子为什

① 马克斯·沃尔，英国喜剧演员，其著名扮相正是穿紧身长裤的小丑。

么又脏又破。还有一个为什么骑车应该穿常服的理由：如果你不想骑得满身大汗，而想直接改坐火车回家，你还可以找得到座位。

头盔

如果戴了头盔，或许能在发生意外的时候提供一点保护，毕竟你的头盔上装好的摄像机拍下了证据。

撑脚架

装上撑脚架，自行车就能成为一个方便的照相机三脚架，既能用来自拍，也可以用来在城市自行车道这种光线不好的地方进行长时间曝光。

塑料袋

塑料袋可以套在鞍座上防水，可以在下大雨时垫在鞋袜之间充当防渗层。但是塑料袋这么用过之后最好不要再用来装三明治，除非是加油站出售的三明治，这么用过的塑料袋说不定还能让三明治尝起来味道更好。

牙刷

回收利用旧牙刷，用来刷齿轮。

T 恤

回收利用旧 T 恤，用来每两周擦一次链条，最后把链条擦布弄得满是老虎斑纹一样的油渍。回收利用旧的链条擦布，用来当做虎纹 T 恤穿。

高能见度外套

有确凿的证据表明，明亮的衣服总能帮你避免事故，但令人惊讶的是，正如不会有在没有月光的乡间小道上穿黑衣服骑车的人一样，这种“证据”很难找到。尽管如此，还是有不少人认为，高能见度的衣服在黑暗环境下还是能够起到一定帮助，比如给出租车司机找到一些可以撞上去的目标。一些对摩托车骑手的研究表明，对比度才是最能提高能见度的，例如在晴朗的白天穿深色的衣服。所以，自行车骑手们穿上能够“凸”显身材的莱卡紧身服说不定会起到意想不到的防护作用。如果你在火车站，不是戴着头盔，而是穿着一件高能见度的外套，旁人只会把你当成铁路工作人员，还会冷冷地逼问你为什么八点十五分发车去剑桥的列车晚点了。你就告诉他们：“开往剑桥的列车就在那儿，上面写是写‘下一站是利兹’，但其实搞错了。赶紧的，马上就要发车了。”要是在超市停车场遇到类似情况，你就会被认做是交通协管员，他们一定会按照你指的路走，哪怕前面是一堵墙。

全球定位系统（GPS）

GPS 的受众分两种：彻底否定型（屏幕太小、无法全面查看地图、用久了以后恐怕都不会看纸地图了等等）和坚定支持型（在骑行一段路程后能够精确地检查行驶轨迹，看看有没有更好的路线）。

防滑钉

防滑钉是将你的脚和踏板连接在一起的扭锁装置。你要么完全支持使用它们：它们能让爬坡变得轻而易举，你既可以把踏板用脚拉起来，也可以用脚踩下去；“每个正经的骑行者都会用”；等等。要么你完全反对它们——这样比较冒险：带防滑钉的鞋子踩在水泥地上会“哒哒哒”响，还有点像带防水台的高跟鞋（如果你已经穿好紧身衣了，也许就不是你想要的效果了）；编造一些清醒的故事，比如有人在骑车时还没来得及把脚从踏板上扭出来，就已经人仰马翻，摔伤了屁股。

驮包

只承认自己拥有奥特里布牌的驮包——德国品牌、负载装置界的劳斯莱斯。“我不知道它的防水性能能坚持多久，也不知道全新的外观能够保持多长时间，我只知道我就用了 15 年而已。”这样说会让人觉得你追求品质，而且是个长期骑行爱好者。然而，喜欢传统英式装备的骑手可能会选择卡拉迪斯牌的驮包，甚至这个品牌的挂包——“我的祖父活了 102 岁，他用了一辈子的挂包还在，里面常常装着战场上抽的廉价卷烟和棕色艾尔啤酒”。

电脑

现在，即使是廉价电脑，都具备很多令人琢磨不透的功能，远不仅限于使你能够计算骑行里程、发现今天只骑了 12 英里（约 19 公里）并大失所望。如今电脑可以监测你的心率、热量消耗、酒精摄入量、入睡时间等，甚至会唠唠叨叨提醒你加速骑行。这类功能最好全部关掉。留下你在超市打折季期间花 4 英镑买的那台电脑，它仍然拥有售价 100 英镑的电脑所具备的所有功能。

维修、保养以及如何两者皆避免

自行车的保养很简单，而且可以自己动手，几乎不用花钱，也不用小题大做。只须把自行车放在后车厢里，然后开车去最近的自行车行。

你真正应当做的只有一件事：每隔几周用软布（旧 T 恤是理想的选择，尤其当这件 T 恤本就是你压根不想要的礼物）和专用清洁剂（不是洗衣液，洗衣液含盐类）擦拭你的链条。这么做简单、快速，而且能让链条和齿轮的寿命翻倍，所以当然没人自己做过。因此，你要么说自己这么擦过，要么承认自己没擦过，就看哪种说法更容易吸引人。

下面说说机械故障：

轮胎被扎

“直截了当。”

贬斥任何关于自修复轮胎、二氧化碳胶囊或奇迹液体的言论：简单的人工补胎技术就是最好的。随便说说你是怎么亲手把自行车倒过来啦，把后轮卸下来啦（扎穿的往往都是后胎），把胎拆下来再装上啦……轮胎扳手是给外行用的。不过人工换胎只对质量好的轮胎有用，这就是为什么你不能对别人的轮胎故技重施的原因。你总会带好一个备用内胎——个人补胎能力的证明；有洞的内胎会带回家，等有空了再修补。（当然，在现实中，感谢有凯夫拉内衬的防穿刺轮胎，你永远不需要这般表现。一个老道骑手的标志是他们十年里都不补一个胎；因着技术的发展，他们根本不需要去补。）

刹车

“比看起来要棘手得多。”

这说明你在调整刹车方面有多年的经验。你可以把任何问题都归咎于劣质的零部件，比如歪斜的接口、骑行时吱吱作响、磨损的刹车皮等等。要是有人让你帮他修理刹车，你就说自己只会修另外一种类型的刹车——“抱歉，我只懂 V 型刹车 / 碟式刹车。”

挡位

“比看起来要棘手得多。”

即使是经验丰富的骑手也会点头附和。所以，变速齿轮一旦出了问题，最好还是交给专业的修理工来处理。你可以说些有趣的事儿，比如某个周六晚上在苏格兰乡下修理自行车变速器没成功，最后被卡在某个不适合下一路段骑行的挡位上，还被困在一间合适的酒吧里，只得等到周一早晨自行车行开门营业。听了你的故事后，即使是经验丰富的骑手，也会羡慕得直点头。

调圈

“显然这是专业人士干的事儿。”

（就像给暖气片放气一样，使用辐条扳手）调整轮辐，将歪曲的车轮调正。这门绝活儿需要多年的练习，只有专业的自行车修理工才能掌握。假装自己会调圈是没有任何意义的，反正根本就不会有人相信你会。事实上，正确的做法恐怕是随身携带一把辐条扳手，但从来不敢随随便便去用它，就像你也不敢碰家里修水管的工具包一样。

倒霉趣闻

暴风雨中，离任何落脚点都还有几英里的某个地方，你无望地拿着临时工具或装备给“抛锚”的自行车做了简单的处理，把自己送到了最近的修车行。这种故事总是很吸引人。尤其是故事中的“你”没真把车修好，那会更有趣。骑自行车拖着另一个骑手，摇摇晃晃地蹬着鞍座断裂只剩裸露鞍管的自行车，在某个挡位卡死或者踏板卡住后侥幸没有出事，还有个喜闻乐见的老段子——用草塞满严重受损的车胎。

什么地方都比不上对自行车友好的荷兰，它是无机动车自行车道的神秘王国，那儿的每个人无时无刻不在骑车。

热门话题

不需要一直谈论自行车的技术问题，也能让别人认证你是骑行专家。（就算你在酒吧遇上个最近才转型成功的“玛米尔”，也一样不需要说太多技术问题。）

你只需要知道几个正确答案，就能让你那个“圈子”里的骑手都颔首称赞，让他们觉得确实应该请你喝一杯，因为你的观点显然都是正确的。自信地说出这些观点，那些想成为骑手的人听了也会觉得你很了不起。

你也不会与骑行反对者离得太远，他们说不定就被堵在哪儿的车流里，无聊地发着短信。

骑行设施

骑行设施总是很差：自行车道太窄太短，自行车道上全是草，而且很快就能把人带到主路上去。自行车停车点总是不够，而且即使有，也非常狭窄，离墙太近，离入口又太远。自行车

单行道应该改成双行道(自行车双行道在欧洲大陆上的国家很常见)。小汽车、出租车、公交车一般都会忽视公路上的自行车道，或者常常将其当做对骑手贴身超车的借口。

你可以说：所有骑行设施“实际上都使骑行变得更加危险”，同时给其他道路使用者——尤其是那些投票赞成兴建骑行设施却不骑自行车的议员们——留下公款都被花在了骑行者身上的印象。议会总是会说，骑行设施是“在与当地骑行团体协商后”兴建的；而他们从来不会说的是，他们无视了骑行团体的意见，因为他们认为骑行团体的反馈纯属浪费钱。

什么地方都比不上对自行车友好的荷兰，它是无机动车自行车道的神秘王国，那儿的每个人无时无刻不在骑车。你可以举一些例子，比如在网上看到的荷兰城市格罗宁根或阿森兴建的一些神奇的骑行设施。(在荷兰，40％的出行都靠骑车，而在英国，这一比例只有2％，所以我们有这些问题也不足为奇。)

在人行道上违法骑行

你当然是不会这么做的。然而，在人行道上完全没有人的时候，人行道上骑行显然是为了避开危险道路的正当手段。同样明确的是，若确实有给行人造成不便的可能性，你就应该下车推行。有些人会给当地报社写信抱怨：“所有人都在人行道上骑车。”还有人说自己母亲邻居的朋友被自行车给**撞个半死**。这些人也许需要这样的建议：从统计学的角度来看，在马路上走其实要比在人行道上走更加安全——谁都知道事实并非如此，但是他们才不会管呢。

卖弄能够起到一定作用，但在这个问题上最好还是选“横竖不是人”式的评价，才可能达到你想要的效果，比如：“机动车么，叫嚣着不让自行车上马路；行人么，嚷嚷着自行车不应该上人行道。嗐……”

机动车使用者VS行人VS骑手

此三者绝非相互之间有利益冲突的群体，因为绝大多数骑手也开车，而我们所有人在某个时刻都会是行人。煽动部落主义[①]不仅愚蠢，而且徒劳。我们都是道路使用者，冲突只发生在讲规则的道路使用者与不讲规则的使用者之间，而不是出行方式之间。所有人都应该共同努力，为大家创造一个舒适安全的公共空间。

用一定的气势发表以上林肯式的观点后，在接下来的一个小时内与别人分享一些故事，比如对你无端叫骂的出租车司机、别你车的公交车司机、不看红绿灯冲进自行车停车区[②]的私家车司机、超车后又左转的卡车司机、挡在你前面戴着耳机边走边听音乐的行人……多典型啊。司机，行人，都是一丘之貉。

---

① 部落主义(tribalism)是由部落或部落生活方式组织或倡导的状态。人类的进化主要发生在小群体中，而不是大众社会，人们自然而然地维持着一个社会网络。如今提及的“部落主义”往往具有消极的内涵，在政治背景下，部落主义还可能意味着基于对社会群体忠诚的歧视性行为或态度。

② 指高级停车线(Advanced Stop Line，ASL)，也叫高级停车区或自行车停车区，是在信号灯控制的道路交叉口设置的道路标识。当交通信号灯由红灯变为绿灯时，允许某些类型的车辆先行。

闯红灯

闯红灯是绝不会被宽恕的，你千万不能闯红灯。但是，由于多数交通信号灯在设置时一般不给非机动车专设信号，所以在某些情况下——在大的交叉路口、施工路段等处骑行，闯红灯或许确实“有必要”。幽幽地说说，要是一辆左转重型货车突然出现在一个狭窄的、有栏杆的交叉路口，停在骑手的身后，该怎么办。对于骑手而言，最安全的办法就是闯红灯赶紧逃跑。

谈及这一话题时，一定要渲染足够的阴郁气氛，再加上对最近发生的那场致命车祸中骑手生前并没有不遵守交通规则的强调，从而巧妙地避开大多数人闯红灯都是因为等得不耐烦这一事实。

道路税

你常常会看到有人用大喊大叫的方式抑或是打着有错别字的大字横幅进行抱怨：“不纳税，不上路！”这种说法大错特错。要想反驳其实很简单，只是效果一般，毕竟这些人总觉得把谎话说个一万次直到没人再乐意搭理你，它就成真了。

对任何在媒体中使用“道路税”这个词的人嗤之以鼻，并毫不留情地把他们当做笑柄，拿来嘲笑。

不过，以下一些事实有助于为你树立权威，让人觉得你是一个见多识广的骑手：

- 道路税，即向机动车驾驶人征收的税费，在丘吉尔的倡议下，于1937年被废除。
- 与学校和医院一样，道路营建、维修的成本源于税收，道路使用权并不取决于公民纳税数额。否则，吸烟的公民岂不是比不吸烟的公民有更多的医院使用权？
- 骑行者本人在道路上就拥有“通行权”，而机动车驾驶人只能在领有牌照的情况下才能使用道路。
- 机动车驾驶人须根据其所拥有机动车的排放量缴纳车辆消费税(Vehicle Excise Duty，VED)，而自行车与电动自行车及其他低排量汽车一样，无须缴纳车辆消费税(详见“用事实和数据说话”)。
- 绝大多数骑行者都拥有汽车，所以他们不仅会缴纳“道路税”(其实是车辆消费税)，也在友好地使用自行车，为其他机动车腾出空间。
- 高速公路和少部分主干道上严禁骑行。因此，骑行者虽然为绕城公路等各种预算巨大的交通项目缴了税，但是他们基本上没有使用的机会。

对任何在媒体中使用“道路税”这个词的人嗤之以鼻，并毫不留情地把他们当做笑柄，拿来嘲笑。任何与此相关的论断，比如，与此相关的论点还有“自行车应该像汽车一样注册牌照，避免骑车的人肆意闯红灯或在人行道上骑车”——也很容易反驳，就说：“瑞士以前就试过，但是没用，纯属浪费钱，最后还是废止了。”汽车司机一样会发生超速、违章停车、不上保险、出车祸的情况。

裸街

请注意，裸街并不表示光着身子骑车（只有在一年一度的世界裸骑活动中才会出现赤裸身体骑自行车的场景）。裸街指的是没有任何交通标志、路标或信号灯的街道，是所有道路使用者都能够自由进出的区域。无论是机动车、行人，还是骑手——不得不解决两两之间的“邂逅”——都会在此相遇，所以他们的行动都缓慢而安全。你大可直说：裸街“在荷兰很常见”，“很适合”荷兰。

或者你持一种全然相反的观点：你认识的人中，几乎没有谁见过真正的裸街，起码在英国绝对没有。作为英格兰“裸街”而大肆宣扬的伦敦肯辛顿展览路就与南极的阿蒙森－斯科特科学考察站[①]差不多，就像一条普通的繁忙街道——有明确的停车位、人行道而唯独没有自行车停放处。无论持何种观点，你可以都用这个例子来证明它。

保险

车险的话题偶尔会出现在报纸上，往往是为了吓唬机动车驾

① 阿蒙森－斯科特站是美国于1957年在南极点设立的科学考察站，是地球长期有人居住的最南处，也是世界纬度最高的考察站。其名称是为纪念在1911年第一个抵达南极点的罗阿尔德·阿蒙森和1912年第二个抵达南极点的罗伯特·斯科特。原文称“南极的斯科特”（Scott of the Antarctic），因第二个抵达南极点的罗伯特·斯科特为英国人，被其国民尊称为“斯科特船长”。

驶员：欧洲正在考虑“将机动车与自行车之间的任何碰撞都归咎于机动车驾驶者”。你要大骂此乃无稽之谈，因为在欧洲大陆上，尚且没有实质性的保险措施来保护骑行者这一更为脆弱的道路使用群体。在行人与骑行者发生的冲突中，如果骑手无法证明自己没有过失，所造成的一切损失将通过骑手的保险来赔付；如果骑行者与汽车发生碰撞，结果一般也是如此。（“骑行保险在整个欧洲大陆上实施得非常顺利，也有助于人们在公路和人行道上更加相互尊重。”）

自命不凡的骑手

为了对自己花半小时驾驶 1 英里（1.6 公里）去上班的内疚欲盖弥彰，机动车驾驶员一般会搬出他们的标准说辞：骑自行车的人都自命不凡。事实上绝非如此。我们骑手只是对自己感到比较满意，因为我们确实比其他人更优秀。

争议性较强的话题

以上观点在骑行者中有着强烈的共识，你可以放心地采纳这些“标准答案”。可即便是骑手，也仍有意见不统一的地方，主要体现在以下几点：

隔离自行车道 VS 机动车非机动车混合道

荷兰式的自行车道较为宽阔，与机动车道隔离开来，有自行车专用的岔路口和交通信号灯，还享有相对于机动车的优先权。

那么，我们究竟应该提倡修建荷兰那样的自行车道，甚至不惜把机动车道改成自行车道呢？还是应该集中精力改善现有道路，让骑手能够更安全、更显眼地汇入车流呢？显然第一种设想更为美好，但是显然也不可能实现。它适合那些在博客上匿名撰写一些长篇大论的左翼理想主义者；第二种方案虽说较为务实，但同样难以实现，故而也适合那些在博客上匿名撰写一些长篇大论的左翼理想主义者。

群聚效应

自行车骑手有时会“自发”地大规模聚集在大城市（伦敦南岸每个月都会经历此般盛况），他们骑车慢悠悠地在城里绕圈一个小时左右，造成短暂的交通阻塞。这样做是为什么呢？只是为了宣告他们人多势众来耽误行人那几秒钟吗？还是车载音响放着震耳欲聋的音乐的嬉皮士骑手来搞事情了？其实，在骑行过程中，问这种问题完全没有意义，因为音乐声音太大，你根本就不可能听得到任何答案。

头盔

头盔是一个争议性话题。这个话题敏感到很多骑手都认为它与政治或宗教一样，是任何欢快的聚会上都应该尽量避免谈起的。而避免头部损伤的最佳方式就是不要去对这个话题进行任何探讨，随机应变地顺着话茬转移话题：“这个问题嘛，仁者见仁，智者见智……哎，你有没有注意到镇上另一头新建了一条奇怪的自行车道？”

然而，你非要去争个头破血流的话——一旦你在网上论坛说自己没有佩戴头盔的意愿，就会有许多非常关心你安危的人要以肢体暴力来威胁你戴上——以下是一些关于这场可怕的口水战的对话准则：

首先，你要选择在戴或不戴头盔的立场上站稳脚跟。站上去的时候不要用力太猛，否则你的头盔会随你被反对的观点一起被碾压、碎成片——听不得反对意见的人内心都脆弱得很。其次，只去关心那些支持你立场的证据（反正大多数人大多数时候都是这么做的）。令一些骑行初学者感到奇怪的是，多数经验丰富的骑手爱唱反调，对戴头盔往往非常谨慎。

赞成强制佩戴头盔

对于绝大多数人——必然是容易紧张的人或初学者，你不必特意强调，他们已经够害怕的了。就像开车必须系安全带一样，骑行佩戴头盔是常识，所以得强制骑行者佩戴。如果你摔倒了，头盔有可能被砸成两半，但是你的头却可能毫发无伤。你以前和护士约过会，更“坐实”了头盔的功用。这样，就足够说服大多数人了。

赞成非强制性佩戴头盔

在某些情况下，头盔的确能够起到一定的保护作用。防弹衣还有保护作用呢，也没有理由强制人们都去穿防弹衣啊？这一类比在于强调个人自由和个人选择之间应达到平衡，而不是为了制造任何恐怖的氛围。关于佩戴头盔涉及的安全问题，看看数据便知：荷兰等戴头盔率最低的国家，也是骑行最安全的国家。整体上看，强制佩戴头盔会增加死亡率，因为拒戴头盔而不骑车的人变多，就会有更多的人因心肌梗死等疾病英年早逝。在澳大利亚，当人们被强制要求佩戴头盔后，头部受伤概率不降反升，反而印证了上述观点。可不是晓之以理，动之以情？（详见“用事实和数据说话”）

反对佩戴头盔

对于小孩从静止的自行车上摔到地面这样的情况，头盔充其量只能提供有限的保护。对头盔的讨论分散了对改良骑行设施和提倡安全骑行等真正重要议题的关注，而这些议题对安全与否的影响更大。头盔不是什么无敌的魔法盾牌，哪怕很多骑手自己在闯红灯或者悄悄靠近重型货车骑行的时候都觉得头盔是无敌的魔法盾牌。“头盔裂了，人没事”的说法何其荒谬！裂掉的头盔起不到保护作用，只会把所有震荡都传向骑手头部，所以救你的不是头盔，而是你的头骨。所以说，骑手总是提着脑袋在骑车。更甚者，头盔还会引发事故。研究表明，机动车经过时，佩戴头盔的骑行者总比不戴头盔的骑行者靠车更近，反而更危险。像骑车旅行俱乐部（Cyclists’ Touring Club，CTC）等骑行机构在佩戴头盔的问题上均采取中立态度，并且坚决反对强制佩戴头盔，刚好呼应了以上观点。最为正确的观点，却信者寥寥。所以，选择这一立场的假行家务必小心为上。

无论你持哪种观点，用科学蒙蔽人们双眼都是好主意。在网上随便找一份研究报告，断章取义地引用任何数字。例如，“根据汤普森、里瓦拉和汤普森在 1996 年的研究……”“沃克在 2007 年研究发现……”，然后在后面引用“用事实和数据说话”中“有关紧要”的数据作支撑。又或者，就说说二十世纪八十年代流行的斯内尔标准[①]头盔与取代它们的不那么严格的英国标准头盔之间的区别，并据此佐证你的观点。

① 由斯内尔纪念基金会提供的高质量的头盔安全标准。威廉·“皮特”·斯内尔是一名受欢迎的赛车手，1956 年他因佩戴的赛车头盔未能保护其头部而最终因头部损伤去世。1957 年，他的朋友联合一群科学家、医生成立斯内尔纪念基金会，进行研究和教育、测试并制定标准，旨在提高头盔的有效性。

日常骑行

传单总是无休止地提醒我们：骑自行车代步省钱、环保、有益健康而且还有趣。其实你比他们更清楚：基于人们心目中对骑行方式的设想，他们通常想从骑行中获得的，都不是这些东西。以下便是从最受欢迎到最不受欢迎的各种骑行类型：

休闲骑行

休闲骑行，即把自行车骑到两小时路程内最近的、家庭友好且无交通堵塞的自行车道继续骑行。根据此类骑行的字面意义，其实是种可有可无的骑行，因此并不环境友好，而且“休闲”一词证明了这种骑行对健康的益处有限，尤其是有些人骑车去野餐却还喝加奶油的奶茶。

山地骑行

同休闲骑行一样，只是山地的骑行路面更高、泥巴更多。山地骑行反而会增加一系列环保成本，主要基于冲澡、洗车、叫出租车上医院看病等资源浪费。

运动训练式骑行

运动训练式骑行是最受欢迎的增强版骑行，被光鲜亮丽的杂志推荐的各种拉风装备和惩罚式训练方案所左右。这种骑行烧了你的钱，还让你痛不欲生。

公益骑行

公益骑行当属烂中之烂。组织公益骑行的人用大口大口消耗空气这一重要燃料的方式，把骑行代步塑造成一种需要大笔支出的苦修活动，还逼得他们的朋友不好意思不赞助点钱。不过，至少公益骑行能使贫困地区的穷人受益，比如西米德兰兹郡某间昏暗的慈善基金管理办公室里的两名雇员和一名实习生。这种骑行方式不仅代价不菲、不环保，还会让人感到压力和不愉快，却大受欢迎。

旅行骑行

旅行骑行是第二好的骑行方式，只有（比如）不环保的长途飞行或下雨时必需的酒店高额房费会给它带来瑕疵。尽管如此，它也是最真实的自由环球旅行方式。你可以骑车探索远离都市文明、原始偏远的小径（比如Sustrans[①]的推荐路线），再一路骑回市中心。

日常骑行在媒体上的形象呆板，也赚不到什么广告收入，因此基本被无视。但是它却是唯一真正优秀的骑行方式：你骑着便宜精简的自行车上下班或者在城里两点一线地通行，不仅节省了自己机动车的行驶里程，还大大释放了城市空间。除此之外，其他类型的骑行都是出于无关紧要的兴趣爱好。

上哪儿骑车?

如何让你的听众相信你是一个无论去哪儿都要骑车的人、一个名副其实的实用主义骑手、一个每天都骑车的人呢？方法很简单，也很实在：你当然会骑车去上班，或者去商店，或者只为了把话说成排比句。骑行是最快、最方便的方式，不用去担心堵车或停车的烦恼。

若要有人质疑，就微笑着耸耸肩，仿佛在说：只有傻瓜才会去开车。不过，别太较真，否则裤线挺立、看起来干净利落的汽车驾驶员会更受人青睐。

假行家要表现出自己对在各地如何骑行都很熟悉的样子，还

① Sustrans（缩写自“Sustainable Transport”，即“可持续交通”意），是英国一家步行和骑行慈善机构，也是英国国家自行车网（National Cycle Network）的监理。Sustrans致力于为骑行者推介点到点的安全路线等其他项目。

要了解哪些地方最适合骑行，哪些地方最不适合骑行。

英国乡村

可以按道路类型对英国乡村的骑行场所进行简单总结：

高速公路

最安全的骑车场所。高速公路上的骑行人员伤亡至今为零，主要是因为高速公路上不允许骑车。不过，也有一些地方会在高速公路旁设自行车道，比如塞文桥（M48 号公路），你甚至可以骑车进公路服务区，好让骑行人感受一下高速公路的魅力。

A 级公路

最直接但也是最危险的道路。尽管有诱人的宽阔路肩，但由于重型货车会像龙卷风似的从你身旁驶过，所以在 A 级公路上骑车还是很危险的。在 A 级公路上骑车发生事故的概率是其他所有道路的四倍，除非想在 B 级公路上骑车得花四倍时间绕路去，否则还是避免上 A 级公路。在 A 级公路上，有两个最为致命的路段：一是路口，二是路中扩张段。

B 级公路

归功于大量弯道和过山车式的地形，再加上超速行驶的当地人“熟门熟路”，B 级公路出乎意料的危险。所以，B 级公路上不存在可能在地面上或者在空中画弧形的骑行者。

乡村道路

乡村道路通常是蜿蜒在山谷中一段段令人愉悦的柏油路，在你骑车穿过可以停下茶歇的小镇时，清风掠过山谷和草地。除却拖拉机偶尔一夫当关，乡村道路畅通无阻。当地骑行俱乐部的自行车车队则会骑着自行车飕飕穿行而来，把你赶到蛋糕站，一起包下整座咖啡馆。除了在牛群横穿处你不得不骑车轧过一堆风干了的牛粪，路面状况相当好。开源地图①中几乎任何一条细细的黄线，尤其是带虚线边框的，你都可以自信地将其描述为“穿过迷人村庄的那些可人、静谧、鲜为人知的小路”。

英国城市

与上述乡村道路类似，英国城市道路也很容易总结，只是没有在乡村道路上骑行那般惬意——但却一直能在路上遭遇横穿马路的“牛群”。

英国的城镇和大城市普遍不适合骑车。少数几个地方形成了公认比较友好的骑行文化（相对于乱发脾气、宿怨颇深的“友好”足球文化而言），其中包括剑桥和约克，而伦敦则是出于其市民纯粹的逆反心理才拥有庞大的骑行队伍。

除去这些地方，你在英国别处基本上也找不到除了休闲骑行的功能外还能通向正经目的地的沿（运）河车道了。市中心本身就

---

① 开源地图（Open Street Map）为网上地图协作平台，旨在由用户分享地理数据以改善地图准确度。

是以汽车为导向的，对两轮车很不友好。市议会一拍脑门儿就把不合规的自行车道和普通车道强行拼在一起，比没这么一出还糟糕。没错，这就是事实。

当然，你可以说，一切都是钱的问题：每年在伦敦以外的地区，花在骑行基础设施上的钱还不到每人 1.5 英镑，主要城市里的隔离式自行车道加起来还不到 20 英里（约 32 公里）。

若要问哪些城镇适合骑行，推荐以下几个地方：

伦敦

在首都的市中心，拥有放眼英国最“显眼”的骑行队伍，因为（与剑桥不同）大多数人都穿着柠檬香味洁厕剂那种颜色的反光夹克。即使在白天也那么亮堂。

戴头盔骑行在伦敦很常见，通常是为了让骑车人可以将摄像头固定在头盔上面，以便日后作为证据派上用场。

伦敦的骑行人员构成有很强的通勤导向，一般是年轻男女，他们背着双肩包骑行，里面装的是工作服。最受白领青年青睐的车型是高端配置的公路车，不过他们总是倏地一下闯过红灯从你眼前闪过，你也来不及看清他们的车到底是什么牌子的。在伦敦市，能看到很多西装革履的机灵鬼骑着折叠车，这只说明了一件事——他们工资很高，买得起“小布”折叠车。

戴头盔骑行在伦敦很常见，通常是为了让骑车人可以将摄像头固定在头盔上面，以便日后作为证据派上用场。伦敦有一种高压的、竞争性的道路文化：所有上了路的人或事物都是急急忙忙的，不管是出租车、公交车、小汽车和救护车，还是骑手、行人，都为了争夺道路空间而不断发生冲突。如前文所述，相对暴躁的快递员会在自行车车把上拴一把很重的锁当做武器，以备有任何机动车司机招惹他们的时候用。但无论出于什么原因，往机动车上撞都是假行家不予宽恕的行为，这样会把自行车锁给撞坏的！

伦敦有两个在英国称得上独一无二的标志性骑行基础设施：

1. 鲍里斯自行车（桑坦德自行车租赁） 详见“骑行装备”中对“城市自行车”的叙述。

2. 自行车高速公路[①] 自行车道路网理应提供穿越伦敦的安全、快速的路线，尽管其中大部分所谓自行车道仅仅是在地面上刷了层蓝色油漆。更通俗地说，它们不过是“机动车停车区”而已。然而，还是有两段路造就了英国最好的城市骑行路线，也是英国人所拥有的最接近荷兰式隔离车道的路线：CS6 号自行车道的一部分（南北走向），即从象堡区一直到黑衣修士区、很快再到国王十字区的骑行段；CS3 号自行车道的一部分（东西走向），即威斯敏斯特与伦敦塔桥之间那与泰晤士河平行的骑行段——全世

① 自行车高速公路（Cycle Superhighways）各条骑行路线即以单词首字母缩写“CS”与数字编号构成，如下文提及的 CS6、CS3 两条线路。

界最漂亮的城市骑行路线之一，一路上的风景如画都给印上了明信片。就算你没有沿着 CS3 骑过车，假装一下也不难。伦敦自行车运动协会[①]为了骑行设施的改善而各处游说。对于伦敦自行车运动协会，你要么贬斥它（说它“像步入了中年，缺乏活力，失去了在二十世纪八十年代所具有的那种激进的冲劲”），要么赞扬它（说它“终于变得专业、高效而成熟”）。真正对政府施压，敦促市政机关为骑手们改善骑行条件的群体，是那些像萨瑟克、伊斯灵顿、哈克尼等伦敦自治市镇的社会团体。如果你把这些都提起来，你的听众们会觉得你在活动宣传和实际行动上都做出了有意义的参与，而不仅仅是一个只会坐在那些人自行车后座上的既得利益者。（但事实上，那些个行动主义者大部分时间就是坐着的，比如在出席枯燥的理事会会议的时候，在给议员和理事会写信、写电子邮件的时候，在参加新设施开发的协商会议的时候，等等。）

剑桥

剑桥是英国的最佳骑行城市，有着深厚的实用主义骑行文化。剑桥的自行车上少有莱卡服饰，也少有头盔，更多的是普通的穿着和比例协调的粗花呢外套。剑桥骑行者的前车篮里会装

① 伦敦自行车运动协会（London Cycling Campaign）是一个独立的会员制慈善机构，旨在为伦敦的骑行活动创造更好的条件。它的愿景是使伦敦成为“世界级的骑行城市”。它是世界上最大的城市自行车组织之一，拥有超过 11 000 名会员。

着陀思妥耶夫斯基的书和基因研究的博士论文。显然，在学期中段，不少都是赶着逃课的学生。大街小巷里自行车停得满满当当——剑桥是英国骑手所能获得的最像荷兰的地方（或许还可以把赫尔算上，但赫尔与荷兰的相似之处不在于自行车，而在于你可以搭摆渡船）。

按英国的标准来看，剑桥的骑行基础设施较为完善，包括通往圣伊夫的一条导游巴士道与其旁边 14 英里（22.5 公里）长的自行车小道。此外，部分得益于精通技术的剑桥毕业生，剑桥的骑行活动在英国也是办得最成功的。（你可以随便说几个名字来显示自己对剑桥的熟稔和自豪：“我前几天还碰到了剑桥自行车运动协会的马丁和西蒙……”）

要是谁把剑桥的骑行文化笼统概括为“毫无生气”“统统是学生”“受过生态教育的、年轻的纳米技术单位通勤者”或者“小城小镇”，你大可嗤之以鼻。这些都是成就剑桥的因素，但是你要坚称剑桥拥有的是一种自成体系的骑行文化：就像群聚效应一样，一个人骑自行车就会带动更多人骑自行车。理论上讲，只要有政治意愿，其他城镇也能复制这一模式。但事实是，其他城镇从来没有做到，所以你永远都不会被指出错处。

约克

比起剑桥来，约克差了一两个档次，但有种相似的自行车古典小镇的感觉。然而，在白天的时候，你没法儿在市中心的历史文化步行街上骑自行车，但你恰恰就是白天想骑车。反正不管怎样你都骑不了，步行街上一般都停满了贴有显眼的残障标识的汽车——当然，约克是一个伟大的信仰中心，奇迹总会在这里发生的：比如一个“瘸子”从车里出来后，突然就能在没有任何辅助的情况下独自走到玛莎百货里去。

其他城市

布里斯托尔　号称英国骑行基础设施支出最高的城市之一：人均 25 英镑，比荷兰人均的一半多那么点；遗憾的是，质量却不及荷兰一半好……

纽卡斯尔　其骑行基础设施正渐渐改善。在那些雄伟的桥梁下有精致的沿河自行车道，泰恩河下有自行车专用隧道，约翰·多布森大街上有新设的自行车高速公路。除此之外，纽卡斯尔还有很多格雷格斯[①]门店。

利物浦　默西河渡口两侧有风景优美的散步长廊，其他地方还有一些实用的城市骑车线路——都方便骑手快速逃离利物浦。

利兹　利兹建立了与布拉德福德市中心联结的自行车高速公路线路，虽然尽全力模仿伦敦，却相形见绌。一到冬天，不加扫除的路面意味着其更适合作为雪橇用的雪道。

伯明翰　有成熟的运河沿河自行车道网络，只是这种自行车道路面粗糙，骑车可能还没有搭窄船快。伯明翰的城市自行车道

① 格雷格斯（Greggs）是英国最大的平价快餐连锁店，专门售卖三明治、咸肉饼、肠仔卷、面包、蛋糕等，每周顾客人数超过 600 万。

网络达到了英国的平均标准，换句话说，很差。

曼彻斯特 “改善交通行动”组织[①]在2010年发布的一份报告中莫名其妙地评价：曼彻斯特比剑桥更适合骑行。也许他们是把“bike”（自行车）错印成了“Nikes”（耐克）。

爱丁堡 有轨电车可能会成为骑行者的安全威胁，但还好被有轨电车碾过的威胁是微乎其微的，得感谢英国的有轨电车系统永远不可能完成施工。撇开这些，爱丁堡有一个活跃的自行车运动组织、一条环绕亚瑟王座[②]的漂亮自行车道以及其他几条不错的自行车道。

米尔顿·凯恩斯 尽管有被吹得天花乱坠的隔离式自行车道系统，它仍是英国最依赖汽车的大城镇之一（可以推测一番水泥奶牛[③]放在米尔顿·凯恩斯的因由）。斯蒂夫尼奇和米尔顿·凯恩斯也是一个样。

诺丁汉 对汽车依赖程度最低的英国大城镇，可以想象性别失衡给这里带来的影响（据说在这里生活的单身女性比例全英国第一）。

---

① “改善交通行动”组织（Campaign for Better Transport）是英国的一个倡导组织，旨在促进可持续交通，包括改善公交和铁路服务。

② 亚瑟王座（Arthur's Seat）是一座位于苏格兰爱丁堡荷里路德公园的山峰。在山上能够一览爱丁堡全景，又加上易于攀登而成为游客必经之地。索尔兹伯里峭壁所在一侧较为陡峭，因而也为攀岩爱好者提供了绝佳场所。

③ 位于英国米尔顿·凯恩斯的《水泥奶牛》（*Concrete Cows*）是美国艺术家丽兹·莱（Liz Leyh）于1978年创作的标志性雕塑作品。作品由三头牛和三头半大的小牛构成。

沃灵顿　著名的自行车运动组织所在地，其网站上每个月都会更新、发布一些让人哭笑不得的垃圾骑行设施。

国外

你不仅要熟悉外国一些很棒的大城市，而且要了解在这些城市里骑行是什么感觉——更棒！绝大多数人都想吹得让别人以为自己去过很多地方。如果你也想让别人觉得自己是一个旅游达人，那整场谈话都会围绕着——比如说巴塞罗那的海滨自行车道进行，才不会有人承认自己压根没去过那里。

阿姆斯特丹

阿姆斯特丹坐拥优秀（虽不完美）的骑行道路网，但最重要的是，在自行车成为阿姆斯特丹主流交通工具的情况下，这里已成为一个可以让人放松身心、无畏无惧、欢欣愉快的骑行天堂。大可想象一下"咖啡店"在这个天堂里扮演的角色吧（或者合时宜地提提二十世纪七八十年代阿姆斯特丹在经历安全运动之后出台了有利于骑行的政策）。不过，更酷的做法是列举一些默默无闻的荷兰小镇，镇名越是难读，镇上人的骑行概率就越是高，比如格罗宁根、斯海尔托亨博斯、蒂切克斯特拉代尔等等。

哥本哈根

哥本哈根的自行车文化和骑行基础设施成熟而完备。与阿姆斯特丹一样，普通的骑行服饰是主流，骑行者很少穿莱卡紧身衣，也很少戴头盔。儿童拖车和“克里斯蒂安尼亚自行车”(带有前置大箱的货运自行车)在哥本哈根很常见。说到这种货运自行车，最好试图“推测”一下克里斯蒂安尼亚自由城[①](充斥各种软毒品的嬉皮士聚集区)所起的影响。然而，在哥本哈根骑自行车的人口正在逐渐减少，或许是甜点、低价啤酒等种种诱惑的关系。

巴黎

和伦敦一样，巴黎的骑行基础设施相当不完善，质量参差不齐。但是这里有成熟的自行车租赁系统，而且广受市民欢迎，或许是因为一不小心轧到狗屎后，只需要再换一辆自行车租用就好了。

巴塞罗那

从无到有，巴塞罗那在短短几年内一跃成为一个超级酷炫的骑行胜地。其老城区有许多裸街和半裸的骑行者，骑着所谓的“比辛”自行车(Bicing)——当地的自行车租赁系统。巴塞罗那拥有精简而实用的隔离式自行车道系统，加之一条条海滨小道和散步人行道。人行道上违法骑行的情况比比皆是，但显然对

① 克里斯蒂安尼亚自由城是1971年创立于丹麦哥本哈根的一处宣称自治的小区域，实行无政府主义公社制度，其居民大多为嬉皮士、艺术家、摇滚乐手等，城内建筑物也带有强烈波西米亚风格。由于不受丹麦禁止室内吸烟与大麻禁令影响，该地区毒品充斥。目前，克里斯蒂安尼亚仍保有其原来的自治。

骑行者而言不会有任何后果，多半是两欧元一瓶的葡萄酒在其中作祟。

柏林

在柏林骑行，虽不及巴塞罗那的风情，总还是要胜过巴黎的。在绿色环保意识深厚的骑行文化中，各个年龄段、不同性别、各色发型、大搞身体穿孔的骑手汇聚柏林。想象一下在柏林那种被艺术化修复的、带有共产主义色彩的老街区里，骑手们坐在时尚的小酒吧里的场景。更惹听众赞叹惊奇的莫过于列举些如明斯特、弗莱堡这样环保势头大却完全不出名的小城镇。

特隆赫姆

特隆赫姆因其独特的自行车电梯[①]而闻名。它就像一个小小的自动扶梯，骑行者只需要将一只脚踩上去，自行车电梯就会将自行车送上任意一段出名的陡坡。揣摩一下：在英国，某些陡峭的山体要是装上自行车电梯会怎样，比如随便哪家青年旅舍“陡峭”的高低床。

① 自行车电梯(Sykkelheisen Trampe，简称Trampe)是一条建于挪威特隆赫姆老城桥旁、总长度为120米的单车自动推进装置，建于1993年。它是世界上第一条、也是唯一一条运用扶手电梯原理，使骑行者借助装置上的脚踏，在不需要费力的情况下，把自行车推上斜坡。2013年，市政府对其进行了改建工程，并更名为“Cyclocable”。自行车电梯已成为特隆赫姆的著名观光点，不少游客在参观完老城桥后，必会顺道参观甚至体验一下。

美国诸城市

令人不可思议的是，在这个号称“油老虎”精神家园的国度，也有骑行的一片绿洲。俄勒冈州的波特兰市在环保方面闻名遐迩，你甚至可以说：“波特兰东区有几条很棒的林荫大道完全不存在交通堵塞，难怪骑车通勤率增长了六倍，英国可以学一学。”旧金山和纽约拥有美国深远骑行文化最核心的符号：畅所欲言的博客写手、疯狂的快递员以及那些拍摄警察对骑行者心怀偏见的证据的播客。然而，在美国最佳骑行城市排行榜上名列榜首的这个城市，恐怕会让很多人大跌眼镜，也自然成了可以拿来以供吹嘘的好素材。它就是北部的明尼阿波利斯——寒冷、多雪，一月份的平均气温在 -10℃左右。可以发散一下联想，说不定明尼苏达人民顽强的抗寒能力与他们的斯堪的纳维亚祖先仍有关系。

东京

在东京，多是实用主义骑行。在人行道上骑行绝大多数时候都是违法的，仍然有不少人这样做。他们一般骑着用来购物的自行车，穿梭在西装革履的上班族之间。揣测一下一辆便宜的母婴车在其中起到的作用——日本的母婴车基本上与一瓶家酿红酒等价（但是反过来看，日本的家酿红酒真不便宜，价格都赶得上一辆自行车了）。

台北

过去，在台湾省会台北市，人行道上违法骑车的现象猖獗，所以他们干脆把它合法化，一下子就解决了问题。台北有长长的沿河自行车道，相当不错，还专门设计了让你好把自行车带进去的厕所。真是个对骑行友好的地方，你的自行车车架说不定还是在这里制造的。亚洲的社会纪律，从此处的日常骑行也可见一斑。

波哥大

每逢周日和公共假日，哥伦比亚首都波哥大的很长一段道路都会因为“Ciclovía”[①]而封锁，禁止机动车通行，为的是腾出机动车道，方便骑行者、行人、滑板爱好者、坐着轮椅的残障人士等能够在没有交通堵塞的情况下长距离出行。弹出式摊位会提供食物、饮料甚至舞蹈课。相比之下，英国式的街道开放实在勉强，没有企业赞助还开放不起来。可见南美文化中的这种社会自发性。

你的选择

随便选一个你了解的城市。不管这个城市的骑行设施良好与否、骑行文化空白与否，不管是各自混乱，还是有序一致，你总会找到能够支撑你观点的例子：“马尼拉没有自行车道，而且是世界上最拥堵的城市，这说明……”“迪拜有一些极好的自行车道，但是根本没人去用，这说明……”“西雅图取消了城市自行车租赁

---

① 西班牙语单词，指永久性的自行车道，或指某些本供汽车使用的车道向骑行者和行人使用，这种举措有时被称为“开放街道”(open streets)。

计划，就因为当地法律规定强制佩戴头盔，这说明……”

与此同时，把你所掌握或能编造的任何神秘的本地知识加进去，再进一步推敲它对当地骑行文化的意义。

自行车咖啡馆

自行车咖啡馆的兴起对假行家来说是一大礼赠：聊自行车咖啡馆总能让你仿佛对骑行的一切了若指掌，但其实你说的只是咖啡馆而已。

个体自行车咖啡馆有两种类型。一种是比较传统的、供应大杯茶水和自制海绵蛋糕的乡村咖啡馆，常常会吸引俱乐部骑手定期光顾，通常位于人迹罕至的乡下。只要随口举几个例子（比如，威勒尔的“尤里卡！”咖啡馆[①]——自 1928 年便是当地的俱乐部中心，还有北约克郡加尔格雷夫的戴斯曼咖啡馆也是一样），你的听众就会以为你一定骑自行车旅行，一路去过很多地方。典型的假装无意的评价可以是：“我来过这儿，第一次来是在六月份之前，那时那个服务员刚结婚，现在都已经抱孙女了……”

还有一种比较现代的自行车咖啡馆，充满了都市时尚感，是兼网吧于一体的自行车行。在上班途中，路过这样的自行车咖啡馆时，你可以停下来给车轮调圈、喝一杯手调浓缩咖啡、在社交平台上更新一下自己的状态。咖啡馆的墙上挂着“死飞”（详见“名词解释”），还提供一些精选的、颇有艺术感的小众骑行杂志

---

① “尤里卡！”（Eureka!）其实是一家总部位于美国加利福尼亚州的汉堡连锁店。

供顾客翻阅。这类咖啡馆的原型出自伦敦老街地区一家名叫“双手脱把”[1]的咖啡馆，创办于2010年。不过，布里斯托尔还有一家开业更早的此类咖啡馆——“泥坞咖啡馆”。(就说：“泥坞咖啡馆早在二十年前就有这种超前的想法了……”)这么一说，更惹人崇拜。在这种地方，你一般会不经意间听到这样的话：“所以我就跟CEO摊牌了，我说：你要是不让我把我的皮纳瑞罗自行车带进办公室，我就跳槽到苹果干……”

提到连锁咖啡店也不是什么丢脸的事儿：很多骑行俱乐部的活动就把咖世家或者星巴克的某家分店当做骑行终点。绝大多数骑手也都有淘便宜货的意识，他们会羡慕你在连锁咖啡店买到的实惠好东西，比如格雷格斯(告诉他们：“一个培根三明治和一杯咖啡，只要两英镑！正好元气满满地开启一天的旅程！”)、韦瑟斯彭[2](告诉他们：“一份早餐只花了三英镑！还送一杯牛奶！正好元气满满地开启一天的旅程！”)。

事实上，你甚至不需要走进上述任何一家咖啡馆，就能知道它们有多好。只要在某个周日的下午，花点儿时间看看哪家门外放着的公路车最多就行。自行车越多，他家的蛋糕就越好吃。

---

① “双手脱把”(Look mum no hands!)是一家地处伦敦老街的自行车主题咖啡馆。“Look (mum/ma), no hands!”为英语俗语，本是学会双手脱把骑车的孩童呼喊母亲展现其学会的技能时所用，引申为“轻而易举”意，此处直译。

② 韦瑟斯彭(Wetherspoons)为英国连锁餐吧，以将非常规建筑改造成餐吧而闻名，在英国和爱尔兰拥有九百多家分店。

公路骑行和赛道骑行

骑行最能让人从不同角度领略世间众多美景——蚕丛鸟道、原生态村庄、等待雨停时的公交车候车亭。你在自行车鞍座上探索的各处奇境越多，人们便越钦佩你丰富的学识和经历。

没有骑行习惯的人能想到的唯一问题就是你一天能骑多少路。“哦，也就 40 英里（约 65 公里）。”这是个“准确”的答案——足够让人印象深刻，但是你实际的骑行时间只有 4 个小时左右，毕竟要为“观光”留下充足的时间。（可真相是，你的大部分时间都花在有免费 Wi-Fi 的咖啡馆、酒吧、廉价旅馆和自行车店里。）

英国国家自行车道路网

英国国家自行车道路网（National Cycle Network，简称 NCN）并不像听起来那么令人印象深刻。NCN 并不是荷兰那种庞大的无机动车道路系统，也不能把你带到所有地方去。它只是一种路标系统，将公路（占 NCN 的 70%）、废弃铁路自行车道、运河纤道、马道、自行车道等用带有“请下车推行”标志、工程设计过度的路口联结起来。

NCN 的编号方式与公路类似：NCN1 表示从多佛通往设得兰，NCN4 表示从伦敦通往威尔士海岸堤脚的圣戴维斯。然而，各条线路的路况又有所不同：NCN4 有一段是布里斯托尔—巴斯的实用铁路自行车道，路段内风景秀丽、路面平坦、柏油铺就、没有机动车；而惠特比和斯卡伯勒之间 NCN1 路段的路况简直让人觉得自己已经骑出了地球——表面如同坑坑洼洼的月球一样颠簸难行。

NCN 也是旨在促进可持续交通的慈善组织 Sustrans 的一大功劳。按欲抑先扬的套路，先肯定 NCN 建立之初那值得一众好评的成就，然后详细列出你所了解的其中一些路线的具体问题。

骑手常见的怨声载道不外乎：扑朔迷离的分岔路，即按照 NCN 规划的路线，要绕过一个正方形，你得把三面都骑一遍；道路封闭，重要路段因施工而关闭，却没有备用方案供骑手绕行；杂草丛生的路段；骑着骑着，突然从安静的无机动车路线变换到车流湍急的主干道；规划路线上的路面质量参差不齐、路标缺失、阻挡摩托车的闸门（不幸的是，它把除摩托车外的所有人——甚至是最瘦小的骑手的路都给挡了）；等等。挑上两三个毛病，对这些毛病所处的具体位置含糊其辞，指责它们毁了当地的骑行路线，不然规划路线该是多美好的一种资源。这么说绝不会错得很离谱。

运河纤道

运河纤道不是听起来那么理想的骑行道路。的确，运河纤道大多平坦（虽然也有一些奇特的高难度爬坡，比如宾格利的五升船闸[①]；偶尔还有很长的斜坡，比如迪韦齐斯城外的卡恩丘就有16道左右的船闸）。无论如何，运河纤道大部分道路通畅，其连接的城市也颇具吸引力，比如利兹—利物浦或者伦敦—伯明翰（大联合运河[②]）。在伦敦，摄政运河及其支流为伦敦提供了整洁、体面、不会拥堵的河边纤道用以骑行。

然而，实际上，大多数纤道都是石砌的，还坑坑洼洼，周边风景往往单调乏味。沿途可以看到很多本地野生动物，不过在破败的城市边缘，它们是那种会朝你扔石头的动物。还有不少运河和河流信托基金会[③]不允许骑行的路段，比如兰戈伦附近庞特卡萨鲁岩水道那叫人心惊的危险水渠。但这并不妨碍当地人在给朋友发短信的同时凭着本能骑行，沿着其上的纤道飞檐走壁。

---

① 宾格利的五升船闸（Bingley Five Rise Locks）是宾格利在利兹—利物浦运河上的一座楼梯式船闸。顾名思义，通过这个船闸的船需要分五个阶段升降。

② 大联合运河（Grand Union Canal）是英国运河系统的一部分，其主线起于伦敦，止于伯明翰，全长137英里（约220公里），有166个船闸。

③ 运河与河流信托基金会（The Canal & River Trust）对英格兰和威尔士境内2 000英里（约3 200公里）长的运河、河流以及水库和各种遗产建筑等进行监护。该信托基金于2012年7月12日启动，接管了国有的英国水道公司的职责。

废弃铁路自行车道

“比钦大斧”[①]砍掉的铁道线仿若乡村蜘蛛网，看起来只需要一点柏油铺面，它们就能摇身成为理想的自行车道网络——平坦、无车，有时还能领略迷人的风景。可问题还是有不少：过于偏远以致毫无实用性的路线、残破的桥梁或高架桥、机动车道横穿而过以及挡住去路的住宅区或工厂。实际上，废弃铁路改造的自行车道还是有其精华之处的（比如下文提及的这些），但也有很多泥泞而杂草丛生的小径不值得修复。

最佳路线

有那么几条路线，每个人都会认为作为一个正儿八经的骑手的你一定骑过。不要让他们失望，确保他们也确信你已经骑过这些路线。

骆驼小道[②]

骆驼小道是英国西部的一条铁路小道。有 10 英里（约 16 公

---

① “比钦大斧”（Beeching Axe，或称 Beeching Cuts）指的是二十世纪六十年代英国铁路局大规模削减铁路设施的一场行动。该次行动是基于英国物理学家、工程师理查德·比钦（Richard Beeching）的两份报告实施的，即《英国铁路的重构》（1963）和《主要铁路线路的发展》（1965）。

② 骆驼小道（Camel Trail）是英格兰康沃尔郡的一条为步行者、跑步者、骑行者和骑马者提供的一条休闲路线，小路平坦，同样适合残疾人使用。骆驼小道全长 17.3 英里（27.8 公里），每年估计有 40 万用户使用，每年创收约 300 万英镑。

里）长的美丽河口地带，风景宜人的无机动车铁路小道，直直通往帕德斯托港，是最适合一家子平静独处的地方。因此，在夏天，这里随处可见人们骑着摇摇晃晃的租赁自行车，还有孩子们的大喊大叫。告诉你的听众们：千万不要去小道尽头的那家餐厅，那里的菜品华而不实，还很贵。你就说你自己发现了一家不知名的小餐馆，它们供应“刚卸货下船”的鱼，新鲜又便宜。

布里斯托尔—巴斯铁路自行车道

布里斯托尔—巴斯铁路自行车道是 Sustrans 的第一个也是其最成功的大项目，可以追溯到二十世纪八十世纪年代中期。这条骑行道沿途有迷人的河景，机动车不准入内，全长 13 英里（约 21 公里），并连接着两个城市。坏就坏在，它被一条环城公路毫不留情地一分为二，但它仍然是英国最好的自行车道。别告诉荷兰人，他们怕是会深表同情。

泰晤士河步道

泰晤士河的步道根本无法与德国伟大的河边小路相提并论。除了一些值得称道的越野路段（在哈默史密斯和斯泰因斯之间，以及在塔桥和埃里斯之间），其主要路段都是容易拥堵的公路，还都远离泰晤士河。《三怪客泛舟记》[1] 的成功，正说明了英

① 《三怪客泛舟记》（*Three Men in a Boat*），杰罗姆·K. 杰罗姆（Jerome K. Jerome）著，被评为史上最幽默的五十部文学作品之一，讲的是三个怪人和一只狗一边泛舟一边抱怨生活的故事，多次被改编为电影、电视剧。

国人的特点：河流不是用来造自行车道的，而是用来写游记和笑话的。

“横贯不列颠”骑行线（C2C）

从坎布里亚海岸的怀特黑文（或沃克顿）到桑德兰（或纽卡斯尔）和北海，为期三天、135 英里（约 220 公里）的“横贯不列颠”骑行线能让你在旅行途中留下美好回忆。要为途中中等强度的挑战（奔宁山脉爬不动、住的地方找不到、准备用来当辅助司机的朋友贿赂不成）和巨大的成就感做好准备，但任何身体健康的骑手——比如能把自行车扛起来爬上卡莱尔车站人行天桥的人——都不会对此犯难。“横贯不列颠”的骑行是慈善筹款的主力军，甚至能为公益事业筹集数百万英镑，用以修复棉花生产国为供应用来推广骑行的大量 T 恤而导致的环境破坏。

“从岛尾到岛头”①

这条骑行线路是传统意义上的“终极挑战”（通常是这个方向，因为要利用盛行风）没有任何一条标准路线，所以可以是 875 英里（约 1 400 公里）左右的任何距离。最快的完成记录是 44 小时：骑行俱乐部的骑手速度较快，通常能在一周内以小组形式完成，

---

① “从岛尾到岛头”（Land’s End to John o’Groats，简称 LEJOG）：兰兹角（Land’s End）位于英国康沃尔郡西南端，为英格兰主陆的最西端；约翰·奥格罗茨（John o’Groats）位于苏格兰东北端，传统认为是大不列颠岛的最东北端。

而他们的行李由面包车载着；独自一人的骑手得自己驮着行李和装备，可能需要两周时间，还要加上等待从瑟索出发的返程火车有自行车位空出的时间。

这条线路上臭名昭著的麻烦事儿包括：德文郡锯齿一样起起伏伏的山丘，公然撒谎的距离标牌，到沙普的 A6 公路上漫长爬坡路，在曼彻斯特郊外差点把你撞出路外的货车，136 年以来最多雨的一周，每天早上早餐刚下肚的饱腹感很快就会消失，等等。但务必说说这其中的美妙体验：亲身把英国丈量一番，一路向北变幻的景色，遇到的那些美妙的人儿……当然都是夸大其词。只有为你呈上烤三明治或修理变速器的人才是好人，而最好的风景印在了民宿的餐垫纸上。尽管如此，从兰兹角骑到约翰·奥格罗茨仍然是一项值得尊重的成就，假行家要榨取它所有的吹嘘价值。以后在提及一些趣事儿的时候，都可以这样开头：“有一次，我在‘从岛尾到岛头’的路上……”

“邓尼奇自亮灯”[①]

“邓尼奇自亮灯”不是一条路线，而是一场活动，每年在仲夏的某个周六举办，是一场人生不得不干一次的集群通宵夜骑活动。晚上八点左右，从哈克尼酒吧出发，第二天早晨骑抵在 120 英里（约 200 公里）外作为终点的邓尼奇海滩。没有组织方，不

① “邓尼奇自亮灯”（Dunwich Dynamo），邓尼奇即此项骑行活动的终点，“自亮灯”（Dynamo）指的是一种利用电磁原理将动能转化为电能的车灯。

为募捐，更没有赞助，因此这一备受喜爱的伦敦小众骑行活动现已成为主流，吸引了数千人参与。大部队一起骑着自行车穿过寂静、黑暗的乡间小路，闪烁的车尾灯排成一列，凌晨两点在专门为他们开放的乡村礼堂吃“午饭”——强调一下这种“非凡的快感”，以及在这种非商业化活动中真正的简单、快乐、庆祝骑行的体验感。

最重要的是，你会看到人们骑着各色不同寻常的自行车（车篮里放着狗的自行车、购物自行车、独轮车、双人三轮车等）。别忘了补一句：“这是骑着豪华赛车要赢‘莱卡铁人’的节奏啊！”

其他“横贯不列颠”的路线

跨奔宁山脉步道

跨奔宁山脉步道长达 215 英里（约 350 公里），是运河、铁路车道、纤道、公路拼凑起来的，把骑手从南港带到赫尔以东稀疏的沿海草原。途中比你想象的更轻松、更平坦，也更乏味，骑到唐卡斯特以东的路段，这种感觉尤甚。不过这也有一个好处，那就是让过来此地的骑行者觉得赫尔是一个充满活力、时尚、国际化的大都市。

玫瑰步道

玫瑰步道从莫克姆通往布里德林顿，是“最受欢迎的‘横贯不列颠’替补路线”中令人意外的竞争者。它始于一条散步长廊和埃里克·莫克姆[①]的雕像，紧接着便能看见清晰的风景；其东部三分之一的路段都比较沉闷乏味，要绕道2英里(3.2公里)，才能骑到个有咖啡机的地方，还离德里菲尔德(那里才有正经的咖啡)好几英里。大卫·霍克尼[②]的画作帮了骑手大忙，他最近的许多作品画的都是这一地带的风景，起码骑手不会认错路。布里德林顿是个不错的火车站，它有个突出特点：频繁地挂出“暂停服务”的牌子。

哈德良自行车道

需要反常的幽默感，才能体会到哈德良自行车道把哈德良长城本身避开的乐趣，途中经过的山丘也比预期的要少。在这里，骑手可以很好地体会到严酷而古老的生活方式，尤其在周六晚上卡莱尔和纽卡斯尔的市中心。

掠夺者路线

掠夺者路线大致上与哈德良自行车道的路线平行，是一条毫无乐趣的公路和基尔德附近颠簸难行的山地车专用森林小径的笨拙组合。该路线以十七世纪前一个偷牛羊的贼命名。由此看出，

① 埃里克·莫克姆(Eric Morecambe)，英国喜剧演员，与厄尼·怀斯搭档著名的《莫克姆和怀斯秀》，入选英国民众投票选出的“最伟大的100名英国人”。

② 大卫·霍克尼(David Hockney)，英国画家、舞台设计师和摄影师。作为二十世纪六十年代波普艺术运动的重要贡献者，大卫·霍克尼被认为是二十世纪最具影响力的英国艺术家之一。

其起名与其路线一样随意。

世界著名的挑战路线

北海骑行线

北海骑行线是世界上最长的、设有路标的骑行路线：从东盎格利亚[①]和荷兰低地直抵挪威山脉，环绕北海海岸3 700英里（约6 000公里）。北海骑行线本来是环形的，但是在2007年勒威克—卑尔根轮渡被关闭后就被破坏了。因此，只有当你做了恰到好处的准备——也就是提前安排好你的各类（住宿、交通）预订管理——才有可能征服这条路线。

多瑙河自行车道

从多瑙埃兴根到黑海，途经九个国家（德国、奥地利、斯洛伐克、匈牙利、克罗地亚、塞尔维亚、罗马尼亚、保加利亚和乌克兰），这条下坡路的路面平整、沿途风景秀丽，总长度约1 700英里（约2 700公里），是当之无愧的热门路线，非常适合骑行旅游（沿途有大量的廉价住宿旅馆、餐馆、自行车行等）。

纳拉伯平原

在纳拉伯平原骑行意味着两周左右的澳大利亚苦行，这里的

① 对东英格兰一个地区的传统称呼，以一个古代盎格鲁-撒克逊王国——东盎格利亚王国命名。

车道刻意避开公路和火车铁轨，只能沿着艾尔高速公路找水。你要么说它是让别人觉得你在发疯的、自我惩罚式的无意义试炼，要么说它是让别人觉得你在发疯的、惊世骇俗的野外探险。

泛美公路

泛美公路是从阿拉斯加通往火地岛、长达 30 000 英里（约 48 000 公里）的公路系统，中间有被 50 英里（约 80 公里）宽的巴拿马雨林分割开来的缺口。

要花一年甚至更长的时间才能完成泛美公路的骑行，它比较适合那些有时间又非常有冒险精神的骑手，当然也适合那些“光打雷不下雨”的假行家（然后你就会发现他们最后跑去比利时度假了）。

环球骑行

环球骑行是一项模糊但很受欢迎的计划，大多数旅行骑手总有一天“一定”要去做的事情——等到孩子长大了，或是有闲钱了，或是存够钱了。换句话说，就是永远都不可能实现。这项“计划”只包括投机性的网络冲浪，所以你能够很容易地加入进来，而不需要投入什么。目前，正掀起一股试图打破自行车环球骑行纪录的热潮，主要由英国的骑行者发起。他们具备所有必要的技能：求生知识、自行车保养、高强体能……最重要的是为后续发行的 DVD 做摄像工作，以及再之后在平面和广播媒体必须展现的优秀访谈技巧。

山地骑行

山地骑行是一项很有特色的活动，有自己的小众圈子。所以，你在跟别人掉山地骑行的书袋时最好不要吹得太过。和山地骑行本身的特质一样，遵守“简单路线”的准则，说话要低调。不必太在意一些专业术语不会说，找本骑行杂志翻翻，看看本月山地骑行的流行趋势就行。

假行家在吹嘘的过程中要记得经常使用“技术(性)”这个词，主要是为了告诉别人“对大多数人来说都很困难，但对我来说不困难”。例如，在跟别人聊起有颜色编码的道路时，你要这么说：

(针对绿色线路)“孩子们很喜欢，一点技术含量都没有。”

(针对蓝色线路)“我对象/爸爸很喜欢，但是几乎没啥技术含量。”

(针对红色线路)“我很喜欢。有一些技术难点，但是没啥是我的自行车搞不定的。”

(针对黑色线路)“等我拆了石膏，马上就去攻克这些有技术难度的路段。”

英国有几条著名的山地自行车道：威尔士北部的国王之木森林公园(历史最为悠久)，北约克的达比森林和诺森伯兰郡的基尔德森林。随便挑一个，说说其特定的风景、骑行友好度、自行车道质量是迄今为止平衡得最好的。

不然的话，就含糊其辞，说说你家附近那些“鲜为人知”的马车道和越野小径，说它们“其实梦幻般地适合”山地自行车骑行，再提提一些“很不错的速降区”和“令人惊叹的陡降区”，说你和“队友”在“大多数周末”都会一起去那些地方骑行。你可以在车库里放一辆泥泞未洗的山地自行车，表明你确实去“山里”骑过车。最好把车的后轮用随便什么东西假意固定一下，表示你的山地车需要修理，从而解释了为什么你现在哪里都不能骑车去。

骑行俱乐部

骑行俱乐部构成了英国活跃的休闲自行车骑行的脊梁，可能是数千小时弯腰俯向车把后定型的那种脊椎骨。在英国，大约有一千多所骑行俱乐部；在互联网上搜一搜，你可能会发现你家附近就有好几所。当然，千万不要被那些不靠谱的网页甚至根本就不存在所谓官方网站的情况吓退：骑行俱乐部在网络上存在的质量并不能对俱乐部体验的质量提供参考。当然，剑桥的骑车旅行俱乐部不在此列，要不是因为其一半的会员本身都是 IT 专业的“顶流”，其出色的网站设计可能会让很多 IT 专业“顶流”都羡慕不已。

大多数骑行俱乐部的会员都是男性——中年男性或退休的老年男性，有些骑行俱乐部则专门开设了仅限女性会员入会的分支或副牌。判断俱乐部骑手的年龄时要小心谨慎：他们往往比看起来要年轻十岁。一部分原因是运动量太大，一部分原因是他们花了太多时间勉强微笑。

有些骑行俱乐部不大好融入，但绝大多数友好且热情，而所有俱乐部都会安排定期骑行——每周至少一两次。有用时 6 小时、定长 90 英里（约 145 公里）的晨间山地高速骑行（中途不过一次仅仅半小时的茶歇休息时间）这么高强度的，也有骑行和茶歇时间比例完全相反、沿着平坦铁道悠闲兜风的低强度骑行。由于骑行者往往穿着差不多的装备（头盔、墨镜、反光上衣等），通常很难分辨出他们是哪种骑行者，这对假行家来说是个好消息。你可以参加任何适宜你劳累级别的骑行，但俱乐部以外的人都会以为你把那些 90 英里的远足当作例行公事。

俱乐部的车手们总是很乐意分享他们的知识：比如如何保养碟式液压刹车的技术问题，或者是更重要的问题——当地哪家咖啡馆的咖啡和甜点最好。在骑行俱乐部的氛围中，咖啡馆永远都是一个很好的话题。要是你骑车不戴头盔，或者不知道什么是无夹脚踏板，可能会被他们乜斜着眼瞧，但没有人会介意你对当地咖啡馆的好坏持相反意见。

俱乐部骑手总会不吝和你分享本俱乐部一些躲不开的人物：挑剔的组织者，前计时赛冠军，当地媒体名人，宝刀未老的八旬老人，爱开玩笑的家伙，刚皈依骑行运动而过度热情、装备齐全却一无所知的新手。假行家的福利又来了——只要在与他们并肩骑行的过程中倾听，你就会不费吹灰之力地窃取到专业的骑行知识。

对聊天有用的常用话术有："是啊，修那玩意儿并不像看起来那么简单。""那家卖的自制苹果酥简直太好吃了！""哦，他吗？他很有个性。"

运动骑行

倘若你没有“衣架子”那样的体型、做不到不苟言笑、对兰斯·阿姆斯特朗显然用过（或没用过）的药物不持可疑的洞见，那你显然不是一名赛车手。

所以，最好将你吹嘘的内容限制在“我曾经尝试过——差点儿要了我的命”这类适合业余爱好者的项目中。

奥达斯（Audax）

奥达斯运动的骑行路线是通常超过 100 英里（约 160 公里）的长距离、快速、有组织的公路路线，必须在规定时间内完成。它不是比赛，也不会公布“抵达终点的顺序”：只有你本人在和时间比赛——当然还有风、往来的货车、酸痛的背部和手腕以及同伴“早就告诉过你了”的警告。“Audax”一词源自拉丁语“大胆”的词根，有时也可以卖弄地说成法语单词“randonnée”。

自我挑战骑行

半竞技性的骑行项目，介于有组织的公路赛和奥达斯之间。从网上挑选一个更具挑战性但又很受欢迎的赛事，比如弗雷德·惠顿挑战赛[①]：一天要绕过湖区最陡峭的路段骑行 112 英

① 弗雷德·惠顿挑战赛(Fred Whitton Challenge)是每年在英国湖区举办的一项慈善自行车运动赛事，旨在为癌症支持中心、空中救护车、山地救援服务和各种青少年骑行项目提供援助。该活动是为了纪念1998年时年五十岁因癌症去世的湖泊公路俱乐部秘书弗雷德·惠顿。该赛事自1999年开始每年举办，除了2001年和2020年分别因口蹄疫和“新冠”疫情而取消。

里（约180公里）。随后在与别人谈话时有意无意地提到："昨晚我出去为参加'弗雷德挑战'训练，然后……"或者"明年五月我要参加'弗雷德赛'的时候需要一辆新自行车……"这样说之所以会给人留下深刻的印象，是因为这是一项很有挑战性的赛事。然而，也正是因为它很受欢迎，所以你骑完比赛却"痛心疾首"地发现没有获得名次也是意料之中的事。

环法自行车赛

要用正宗的法国方式观赛：要看电视转播、在酒吧里看电视转播，并抱怨如今的车手根本比不上以前的车手——他们会在阿尔卑斯山的半山腰停下来吃葡萄酒辅餐的三道菜午饭。身着黄色领骑衫的车手——历时三周、全程2 000英里（约3 220公里）的马拉松骑行赛的总冠军——是总时间最快的人。虽然健壮的冲刺型选手或许会赢下许多平坦的赛段，但相对而言，他们在爬坡时很吃力。所以，获胜者通常是斗士，而不是纯粹的竞速者。

环法自行车赛还有其他奖项，比如"爬坡王"（King of the Mountains）。要想得一个"爬坡王"，其战术要点则在于等级低的车手自愿成为人肉挡风玻璃协助明星队友，还有休息时间的安排。这些战术都是相当复杂的，复杂到我能理解得了，但给你解释不清。即使是一点点小知识也会给完全不懂自行车赛的英国体育迷留下深刻印象：英国车手不仅在2013—2017年赢得了六次环法赛事中的五次，而且1985年以来还没有一名法国车手赢下环法。你还可以提提“爬坡王”的波点骑行衫是为了与环法赛事渊源已久的赞助商“骏马巧克力”(Chocolat Poulain)相呼应。

场地自行车

场地自行车运动规模小但种类多、风格怪异且主要在室内进行，目前整项赛事由英国主导。哪怕规则的改变限制了每个国家在每个单项中只能派出一名(组)参赛者——似乎是在刻意针对实力雄厚的英国，英国在2008年北京奥运会和2012年伦敦奥运会上还是赢得了场地自行车项目10枚奥运金牌中的7枚。克里斯·霍伊共获得了7枚奖牌，其中包括6枚金牌，与布拉德利·威金斯共同成为英国历史上获奖牌最多的奥运选手。

下面简单介绍几种场地自行车项目：

争先赛

两名骑手互相追赶的比赛。不管谁在最后一圈领先，通常都会被后面那个一直在前车身后尾流里保存体力的骑手超越。因此，一开始骑得很慢是为了给对方造成错觉，让其领先，等到临近终点再突然冲刺。

团体追逐赛

两支四人小组在赛道的两侧出发，目标是追上对方，或者率先完成规定的圈数。

全能赛

由六个小项构成，六个小项的比赛积分累加得出总分——计算方式极为复杂。场地自行车全能赛相当于田径比赛中的十项全能。

凯林赛

“凯林”一词，源于日语“赛车车轮”的音译，是1948年以博彩为目的设计的诡异项目。参赛骑手在摩托加速牵引下行驶五圈离场后开始冲刺。

麦迪逊赛

介于摔跤与马拉松之间的一种场地自行车赛，是比赛时间为一小时或以上的两人团队赛。仅一名选手上场，感到体力不支后则由队友替换，途中冲刺可获得积分。该项比赛命名自纽约第一个麦迪逊广场花园。麦迪逊赛在2012年伦敦奥运会前遭遇除名。

弄辆自行车，活着就不会后悔。

——马克·吐温

蹬车名人

从埃尔加到爱因斯坦，从墨克思到麦当娜

每当列举曾经被狗仔抓拍到骑自行车的名人，都悲哀地证明了骑行运动小众的特点。毕竟没有“自驾名人”或“步行去商店购物的名人”这样的榜单。尽管如此，被抓拍到骑自行车对明星来说还是很有用的。向“恐单车症患者”证实他们的偶像确实骑自行车，或许能帮这些人认识到自己的错误，例如：原本喜欢凯蒂·佩里的面包车白男[1]发现她骑自行车时，怕是要改变主意，不再迷恋她。

而针对已经是骑手的人，你可以通过提及一个同样是骑行爱好者、还是他们所向往的理想形象的名人，来拍拍他们的马屁，让他们体会体会与有荣焉的感觉。例如，音乐爱好者要是发现埃

① 面包车白男(white van man)是英国对小型商用面包车司机的刻板印象，通常被认为是一个自私、不体贴的司机，他们大多是小资产阶级，而且经常具有攻击性。

尔加热衷骑行，必定喜出望外；相反，对于那些不喜欢音乐的骑手，你可以给他们介绍“发电站乐队”（Kraftwerk）及其 1983 年的单曲《环法自行车赛》（*Tour de France*）。

下文列举了一张蹬车名人的名单，你可以在与别人交谈中提到他们。这张名单之外，骑自行车的名人还有很多，尤其是好莱坞影星（举个例子，米歇尔·菲佛、罗素·克劳、阿诺德·施瓦辛格等；你其实可以随口说一个奥斯卡提名者或情景喜剧演员，并坚称看到过这位名流骑自行车的照片）。

列夫·托尔斯泰（1828—1910）

爱上骑车终是“虽迟但到”的，《安娜·卡列尼娜》的作者、俄国作家列夫·托尔斯泰就是这么个鼓舞人心的案例。托尔斯泰 67 岁时才开始骑自行车。1896 年 4 月 18 日，《科学美国人》杂志（*Scientific American*）刊文称：托尔斯泰“骑轮子了，这让他庄园里的农民大吃一惊”。但是，谁也不知道《战争与和平》的灵感是否来自托尔斯泰在上下班高峰时段与莫斯科出租车的“战斗”[①]。

马克·吐温（1835—1910）

这位美国幽默作家在十九世纪八十年代初，也就是在他快

① 莫斯科街道的环形布局建于 1147 年，并非为现代交通而设计，如今城市内每日通行车辆却超 260 万车次，莫斯科因而长居“世界最拥堵城市”榜单前列。

五十岁的时候，学会了骑便士－法寻车。毫无疑问，这段经历激发了他最著名的一句话，他在《驯服自行车》一文的结尾写道："弄辆自行车，活着就不会后悔。"

爱德华·埃尔加爵士（1857—1934）

英国伟大的浪漫主义作曲家在1900年（当时他43岁）至1908年间是一位非常热衷骑自行车的人，开源地图记录了他在莫尔文的家周围乡村的游历。其清唱剧名作《杰隆提乌斯之梦》（*The Dream of Gerontius*）很可能就是他在骑自行车时创作的，把《希望与荣耀之地》（*Land of Hope and Glory*）的曲调也说成这么来的亦无妨。后来，他不再骑自行车，一是因为路上的新式小汽车川流不息，"骑自行车没那么好玩了"；二是因为他年迈的妻子爱丽丝让他失望，相较于骑行，她更喜欢在雨天乘坐新式小汽车而不是骑车去酒吧。

阿瑟·柯南·道尔爵士（1859—1930）

在1896年1月18日出版的《科学美国人》杂志上，《福尔摩斯》的作者——一位热衷骑三轮车的骑手——对骑三轮车上下班津津乐道。许多故事情节都是他在骑车时想出来的。他创造的侦探角色也是个骑行方面的行家，通过脸上的健康光泽和擦伤的鞋子，准确地发现了骑车的案犯①。但福尔摩斯在《修道院公学》中

---

① 为《福尔摩斯探案集》中《孤身骑车人》一篇情节。

犯了一个错误，他以为凭借轮胎就能一眼看出自行车去过哪儿。你或许能靠研究车胎轧出的痕迹琢磨出自行车的行车方向，但这实在是一件相当复杂的事情，需要有纸笔在手和良好的几何知识储备——就像在贫民窟里跟着议会批准的路线骑车找路一样复杂。

古斯塔夫·霍尔斯特（1874—1934）

当别人因为你骑自行车而轻视你，你就把古斯塔夫·霍尔斯特这一振奋人心的例子搬出来。古斯塔夫是《行星》组曲（*The Planets*, *Op. 32*）的创作者。这位英国作曲家曾从伦敦骑行到南海岸，亲自给一位同事送乐谱。他同事的妻子开门一看，以为是一个普通的送货员，便冷漠地把他从后门引入，而他不为所动，照做了。当他那一脸茫然的指挥家朋友应门时，古斯塔夫逗趣地说："先生，给您送信来了。"才将谱稿递了过去。这段趣闻还是赞赏（或批判）维多利亚时代社会规范的优秀事例。

阿尔伯特·爱因斯坦（1879—1955）

人们常说，这位物理学界远见卓识的天才是在骑自行车时想出相对论的，尽管没有任何证据表明他年轻时有过自行车。（不过，他后来肯定是有的，但那时他已成为普林斯顿大学一位披头散发的教授。）这并不能阻碍你的坚持：他打破常规的天才理论——"对任意观察者而言光速为常量"什么的、"导致时空弯曲"什么的、"质能方程"什么的——源自他不得不停下来修他被撞坏的自行车前灯。然而，小汽车司机却说自己根本就没看见爱因斯坦骑着车正过来。遗憾地来一句：“如果爱因斯坦当初骑的自行车没有车前灯，说不定我们今天也不会有核弹了……”

亚瑟·爱丁顿爵士（1882—1944）

英国天体物理学家定义了一个“爱丁顿数” E①，是衡量一个骑行者长途骑行成就的标准，定义为你一生中骑行至少 E 英里的天数。在他去世的时候，有 84 次骑行至少骑了 84 英里（约 135 公里），所以他的“爱丁顿数”是令人尊敬的 84。假行家可以自己想个类似的与自行车有关的“常数”，比如“蛋糕数”“啤酒数”“爆胎次数”等等。

埃迪·墨克思（1945—　）

除了兰斯·阿姆斯特朗（你怎么忘得了这个人呢？），这是你唯一需要记住的赛车界的人物。埃迪·墨克思往往被誉为最伟大的赛车手，这个渴望比赛的比利时人在二十世纪六七十年代获得 19 项大赛冠军，包括 5 次环法自行车赛。要是因为埃迪·墨克思提起了其他人，你就用“谜一般的人物”“喜欢独来独往”“数据说明不了问题，这人其实很厉害”“重点不是他有没有吸过毒”这样的陈词滥调糊弄。

---

① 或为对亚瑟·爱丁顿在“爱丁顿数”（N_{edd}）一事上的讽刺，文中则以常数替代。

保罗·史密斯爵士（1946— ）

这位时装设计师热衷骑行，他的同名公司还赞助了多支赛车队。其他经常骑行的设计师有杰夫·班克斯，他爬遍了阿尔卑斯山脉和比利牛斯山脉的所有主要坡段；维维安·韦斯特伍德，有人看到她在伦敦南部骑自行车，她的猎狐梗就放在前车篮里。或许是鉴于伦敦的自行车盗贼猖獗，她大概觉得养一只护卫犬恐怕比上锁更有效。

乔治·W. 布什（1946— ）

小布什因膝盖受伤而无法跑步，便开始骑自行车。2005 年，他以美国总统身份参加在苏格兰举行的八国集团峰会，在酒店内骑山地车时，成功与一名警察相撞；而在此事发生一年前，在得克萨斯州的农场里，小布什也从自行车上摔下来过。如果要对小布什进行廉价的抨击，就把他的骑车技巧和外交能力相提并论，何乐而不为。

艾伦·休格勋爵（1947— ）

这位尖酸刻薄的企业家在创办安施塔德公司[①]之前曾经做过自行车的买卖，人到中年才开始专心骑自行车。他骑着皮纳瑞

① 安施塔德公司（Amstrad）是英国的一家数码产品公司，1968 年由 21 岁的艾伦·休格创立。

罗，说健身房“无聊得让人头疼”——这是他忍着看完“无聊得让人头疼”的《飞黄腾达》[1] 后学来的词汇。

乔恩·斯诺（1947—　）

2010年，英国《每日邮报》刊登了一则新闻，称他们发现这名英国电视四台的新闻主播、骑车旅行俱乐部主席在伦敦骑自行车时犯下一系列违规行为，包括闯红灯和在人行道上骑车。2008年，大卫·卡梅伦同样被《每日镜报》“曝光”了骑行时的违法行为。你可以说，这些小报记者应该去干点正事儿，而不是总想着去搞噱头，比如去好好查查杰里米·克拉克森[2] 在M25公路上换车道时有没有打灯。

杰里米·帕克斯曼（1950—　）

关于骑自行车，这位犀利的记者说过一句很有道理的话：“骑自行车是在伦敦市中心通行最快的方式，比公交车、地铁、出租车都快。无论交通状况如何，你都可以精确地预测每段旅程所需的时间。”想象一下，如果出租车司机跟他争论，会发生什么呢？——“你是不是故意把车开到我的自行车道上来的？回答我！

---

① 《飞黄腾达》（*The Apprentice*），美国NBC电视台播放的真人秀节目，目的是在一群壮志雄心的商界精英中选拔出一名，成为美国著名地产大王唐纳德·特朗普的徒弟并为特朗普集团效力。

② 杰里米·克拉克森，前BBC主持人、著名汽车节目《疯狂汽车秀》主持人之一，后因各类歧视性恶意言论而被BBC解雇。

你到底是不是故意把车开到**我的**自行车道上来的？！”

罗宾·威廉姆斯（1951—2014）

作为兰斯·阿姆斯特朗的骑行好友，这位电影明星兼喜剧演员是一位赛车迷和自行车收藏家（据说他有五十多辆公路自行车）。2011 年在纽约拍戏的时候，他因为在人行道上骑车而被警察拦下，但在警察认出他之后，就把他放走了，只是口头警告了一下。你可以据此为例，说明他与普通骑手无异（骑车违法一样会被拦下），或者说他是一个活在坚不可摧的名人世界里的人。

大卫·伯恩（1952—　）

这位前“传声头像乐队”主唱从二十世纪八十年代起就开始骑自行车环游纽约，那时骑行甚至还没有流行起来。2009 年，他出版了自己的《单车日记》。此外，他还为《纽约时报》定期撰稿，写一些骑行相关的文章。他还拍卖了自己的一辆自行车，为伦敦自行车运动协会筹集资金（他是英国公民，只是在美国居住）。所以说，他是一个全能的“好伙计”。除他之外，喜欢骑行的音乐人不少，取决于你想取悦的听众的年龄段，比如约翰·列侬、米克·贾格尔、埃里克·克莱普顿、彼得·加布里埃尔、斯汀、贾维斯·科克、保罗·麦卡特尼、“发电站乐队”的所有成员、乔恩·邦·乔维和“感恩而死乐队”的吉他手鲍勃·威尔（最后两位是山地自行车运动的狂热爱好者）——你爱怎么编，就怎么编。

阿列克谢·塞尔(1952—)

这位喜剧演员兼作家是伦敦骑行名人聚集地康多车行[①]的常客。他还曾为《卫报》拍摄了一段欢乐的点到点骑行短片。片中，他热情地推荐人们小酌几杯后骑着自行车穿梭伦敦回到家中，因为这会带来“最接近飞行的感觉”。可以对他的观点持保留意见：这种行为既是不负责任、鲁莽而愚蠢的，但也是傍晚出门一个不错的建议。

麦当娜(1958—)

在新闻传播速度不像今天这么快的时代，我们会在报纸头版看到这位肌肉发达的女艺人身穿靓丽的服装骑着自行车在伦敦兜风的照片。将麦当娜作为骑行运动已成主流或者仍停留在琐碎的小众格局中的例证，随你喜欢。

威尔·赛尔夫(1961—)

这位作家兼小说家每天都会骑自行车。他曾对《伦敦骑行运动》杂志说：很遗憾，他对自己写不出一本“骑行界迫切需要”的自行车小说感到无力(或许他说这话时也不是完全一本正经)。所有人都庆幸地松了一口气，只有伦敦的自行车迷们失望得一声

---

① 康多车行(Condor Cycles)是位于伦敦的自行车制造商，由蒙蒂·扬于1948年创立，提供定制自行车服务。康多自行车曾随赛车手获得世界锦标赛金牌。

叹息。

鲍里斯·约翰逊(1964—)

这位前任伦敦市长，以穿着皱巴巴的西装到处骑行而出名。他在任期内高调地推出了自行车高速公路和自行车租赁计划，好让成千上万的自行车爱好者走上街头，抗议城市骑行设施过于恶劣和危险。有一次，他因从市政厅一楼顺着光滑的螺旋形坡道骑车到地下室而备受谴责。这让很多骑手非常不爽，他们纷纷表示自己也想试一试。

大卫·卡梅伦(1966—)

在担任英国首相之前以及2010—2016年任期间，大卫·卡梅伦常常骑车往返于威斯敏斯特。2006年，有消息透露，卡梅伦每次骑自行车去威斯敏斯特时，后面都会跟着一辆公务车，负责运送他的办公文件。2008年，他的自行车没有锁好而在一家超市被盗，后来被找回，结果2009年在家中又被盗走。事实证明，他丢公投胜算和他丢自行车的效果如出一辙。

兰斯·阿姆斯特朗(1971—)

还有什么好说的呢？这是唯一一位所有非车迷都听说过的赛车手，也是上过《奥普拉脱口秀》的最有名的骑手。1999—2005年间，这位专注得可怕的得克萨斯州骑手战胜了睾丸癌，连续赢得环法自行车赛冠军，一举成名。与参加过的比赛遍地开花的墨克思相比，阿姆斯特朗几乎只专注于环法自行车赛。尽管阿姆斯特朗一直被指控使用提高成绩的药物，可他在整个职业生涯中一直否认这样做过。2012 年 6 月，美国反兴奋剂机构指控他使用违禁药物；2012 年 8 月，该机构对他终身禁赛，并剥夺了他自 1998 年以来获得的所有头衔。美国反兴奋剂机构在报告中指出：阿姆斯特朗设计了“体育史上最复杂、最专业、最成功的兴奋剂使用计划”（这也可以说是一项“成就”）。2013 年 1 月，阿姆斯特朗在接受奥普拉·温弗瑞的电视采访时承认使用了兴奋剂。这一令人遗憾的传奇故事被认为是体育史上最具灾难性的滑铁卢事件。

2004 年，阿姆斯特朗在本·斯蒂勒主演的喜剧《疯狂躲避球》（*Dodge Ball: A True Underdog Story*）中饰演自己。讽刺的是，阿姆斯特朗在电影中的立意是一名体育标杆，找他来演为的是强调要以坚韧的品质面对逆境。

布拉德利·威金斯爵士（1980—　）

布拉德利爵士是英国最著名、最成功的自行车运动员之一，最初参加场地自行车赛，后来转战公路自行车赛。2012 年，他成为第一个获得环法自行车赛冠军的英国人（尽管他出生在比利时），并在奥运会的场地自行车计时赛中获得金牌——他获得的八枚奥运会奖牌之一。布拉德利·威金斯获得的奥运会奖牌比其他英国人都多，其中五枚是金牌。2016 年，他从职业自行车比赛中退役，开始参加赛艇比赛。他出色的吉他弹唱能力、时尚的摩登形象、流利的法语和直言不讳的个性使他深受公众喜爱。然而，2011年，其所在英力士车队[1]的队医收到了一个装着给威金斯使用的可疑药品的透明塑料袋。随后，他开始接受漫长无果的调查，其形象也由此受到了损害。不过，之后不久，他又以完美形象示人了。

马克·卡文迪什(1985—　)

和布拉德利·威金斯一样，马恩岛人马克·卡文迪什也从场地自行车赛(2008年与威金斯一起获得麦迪逊赛冠军)转战公路自行车赛(2011年环法自行车赛冲刺积分第一、获得绿衫)，他是全世界最快的短程冲刺车手之一。他与威金斯一样，也称得上一个"人物"：足球运动员般的自信，当过"三版女郎"[2]的女友，社交媒体的忠实用户，等等。这些特质比他的骑行技术更容易在网上变成谈资。

克里斯·弗鲁姆(1985—　)

2013年，弗鲁姆成为继威金斯之后，又一位出生在国外(肯尼亚)的英国人赢得了环法冠军。得力于英力士车队队内的残酷竞争，他在2015—2017年连续三年夺得冠军，并成为首位赢得

① 英力士车队(Team Sky)是英国的职业自由车队。

② "三版女郎"(Page Three girl)特指为英国小报《太阳报》拍摄性感照片的女性模特。这些照片通常在该报第三版刊登，模特亦因此得名。第三版针对的读者以蓝领劳动阶层的男性为主。

环西赛的英国车手。那次环西赛之后，他作为英国最成功的男性赛车手的地位被一项“不良分析结果”所破坏，该结果显示，他的血液中含有的（合法）哮喘药物沙丁胺醇达到了违法的高水平。既然身后有如此大的阴影，你完全可以对弗鲁姆持任何看法。要是全面否定他的话，就说：“显然有猫腻，他的能力是怎么在25岁左右加入英力士车队后突然提高的？”要是支持他的话，就说：“显然他是清白的，他的进步是因为他的血吸虫病完全被治好了。沙丁胺醇是合法的，他需要用药也得到了认可和证实，剂量过高完全是医生的错。”正话反话都给你说去了，没人能反驳得了你。

肯尼夫妇

肯尼夫妇是英国自行车运动的金童玉女：2016年，杰森·肯尼（生于1988年，曾获六枚奥运会金牌，与苏格兰人克里斯·霍伊爵士平起平坐）娶了劳拉·特罗特（生于1992年，曾获四枚奥运会金牌，维多利亚·彭德尔顿[①]之后英国自行车运动新一代海报女神级别的人物）。他们住在柴郡的一栋别墅里，如果这栋别墅作为一个国家参赛的话，能在2016年里约热内卢奥运会的奖牌榜名列第19位。他们的儿子要是骑车上学，可没有任何迟到的借口啊。

---

① 维多利亚·彭德尔顿，英国女子自行车运动员，曾获2008年北京奥运会争先赛金牌和2012年伦敦奥运会争先赛银牌。

无论数据多么可疑，只要它碰巧能佐证人们所相信的东西，他们在97%的情况下都不会对着它争论不休。

用事实和数据说话

26个有据可查的事实和数据，助你一臂之力

引用统计数据支持自己的任何论点都是一种快速而卑鄙的手段。有专家估计，人们引用的所有数据当中，有35%是编造的虚假数字；有55%的数据基本反映了真实情况，但来源不怎么可靠；至于剩下的20%，数据本身则有**明显的**计算错误。

但引用数据仍然是最高效的。无论数据多么可疑，只要它碰巧能佐证人们所相信的东西，他们在97%的情况下都不会对着它争论不休。这里就有26个辅以数据的事实（参见bluffers.com/cycling-stats/），你可以在任何时候用它们来证明几乎任何事情，正如我们老挂在嘴边的“因此”所证明的那样。

自行车都跑哪儿去了？

根据英国政府统计的数据，英国有3 400万辆机动车（以及数量大致相当的持证驾驶员）上路行驶，其中2 840万辆都

是小汽车。据骑车旅行俱乐部估计，英国有 2 300 万辆自行车，43％年龄在五岁以上的人都有一辆自行车。然而,《自行车周刊》(*Bike Week*)指出：只有 14％的自行车车主会经常用自行车。因此，自行车的数量几乎与小汽车相当，只是你看不到它们，毕竟都被藏在车库里了。

戴头盔很危险……

澳大利亚在 1992 年强制规定公民在骑自行车时佩戴头盔后，骑行导致头部受伤的人数确实有所下降，但是下降量赶不上这一规定出台后不骑车的人数。在其他强制佩戴头盔的地方，也能看到类似影响。因此，强制佩戴头盔实际上使头部受伤的概率变得更高了。

……但是戴头盔对行人有好处……

在研究西澳大利亚州的数据时，维多利亚州的研究员们发现：头盔能有效防止骑车人头部受伤；同期数据表明，行人的此类伤害也有所下降。因此，即使行人不戴头盔，自行车头盔仍然可以保护他们免受头部伤害。

……戴假发更安全……

2006 年，研究员伊恩・沃克发现：机动车在通过时给戴头盔的骑车人留的空间比给不戴头盔的骑车人少；然而，若是当骑车人戴着金色长假发时，他们给自行车留的空间则大大增加。因此，戴一顶金色长假发，比戴头盔还要安全。

……群体骑行更安全

在考察了很多国家自行车数量对事故发生率的影响后，研究人员得出结论：被机动车撞到的行人或骑手的人数，是步行或骑行人数的 0.4 次方。也就是说，粗略估计：骑行的人数每增一倍，其中个人发生事故的风险就会下降三分之一；而骑行的人数若减少一半，相应的风险则会增加一倍。但是群体数目越大，队伍里的决策越慢、越难，所以群体骑行的人数最好为奇数。因此，出于对安全和平衡的考虑，骑行以三人、五人或七人结伴为宜，这样就不会花太多时间纠结到底该去哪家酒吧或咖啡馆。

带帽檐的头盔会让人更热

在大多数自行车头盔上，旨在为眼睛遮挡太阳光的遮阳板反而吸收了太阳的热量，并形成一股气流，将热浪直送头顶，导致戴这种头盔反而比戴那些没有遮阳设计的头盔更加热。因此，艳阳高照时，遮阳帽檐只会让头盔变得更加滚烫。

骑车能让人变得年轻

1986 年，一项针对中年男性工人的研究发现，骑自行车是对健康益处最大的一种生活方式：经常骑自行车的人，其健康水平相当于比不骑自行车的人年轻 10 岁；即使偶尔骑自行车的人，其健康水平也相当于比不骑自行车的人年轻 5 岁。另一项研究认为，大量吸烟会使预期寿命减少 9 年。因此，经常骑自行车的人完全可以大量吸烟，而且还会比那些不爱运动的人多活上 1 年（当然，这不代表我们建议你这样做）。

对自行车征收的“道路税”每年应该只有 1 便士……

根据国际公认的数据，车辆给路面造成损害的维护成本与车轴重量的四次方成正比。一辆重达 900 公斤的汽车所造成的损失，并不是总重量为 90 公斤、载着人的自行车的 10 倍，而是 10×10×10×10，即 10 000 倍。因此，若要“道路税”的数额规定反映道路使用者所造成的损害，鉴于机动车司机每年交 100 英镑，那么骑自行车的人每年则只用交 1 便士。

……不，一分钱都不要

所谓“道路税”实质上就是车辆消费税，即对尾气排放征收的税费。低排放车辆，比如电动汽车、大众高尔夫，不用出一分钱的车辆消费税。其他很多种机动车或其驾驶者同样免税：警车、残障驾驶者、牵引车以及女王的座驾。因此，作为零排放车辆，自行车不需要缴纳车辆消费税。

……不管怎样，骑车人比不骑车的人缴纳了更多的“道路税”

根据英国政府在 2011 年 5 月针对议会质询的回应，基于一项英国旅行调查的结果：83％的骑行者拥有私家车，而 82％的英国公民拥有私家车。因此，骑自行车的人比不骑自行车的人缴纳了更多“道路税”。

伦敦比东盎格利亚更环保

据英国政府统计数据显示：25％的英国家庭没有私家车。英国私家车拥有率最低的地区是伦敦：在伦敦下辖的各区，43％的家庭没有私家车也照样过日子。在东盎格利亚，无车一族的比例只有16％。因此，伦敦比东盎格利亚更环保。

骑行设施很便宜

建造1英里（1.6公里）长的城市机动车道的费用，可以建150英里（约240公里）长的骑行步道、在机动车上隔出10 000英里（约16 000公里）长的非机动车道或是100个设计合理的时速20英里区[1]。因此，1英里自行车道等价于6英寸（约15厘米）长的机动车道——二者在交通高峰时段的通行距离比也大致如此。

杀人的最好方法

每年在英国道路上被杀害的行人和骑行者的人数与所有谋杀案相同。然而，这些危险而粗心大意的司机在“杀害”他们时，

---

① 时速20英里区（或“时速30公里区”）是一些城市道路上使用的速度管理形式。这些区域的名义最高速度限制为20英里/时（32公里/时）或30公里/时。虽然这些区域确实张贴了名义速度限制，但一般通过使用交通缓和措施来确保速度。不过在英国，只用标志和线来限制速度的做法越来越多。

受到的惩罚通常比其他无意造成类似死亡的罪犯要轻。因此，如果你想杀人，显然意外地撞死他们是获得较短刑期的最佳途径。

环保型热水？就在你的停车场里

在美国，停车场的总面积比波多黎各的国土面积还要大，大多数停车场在大部分时间内还都是闲置的——化身超大号热磁铁的黑色沥青，吸收阳光，使大气变暖。一些公司正在试验是否可以借此加热停车场地下管道里的水，用于家庭和办公室供暖。因此，停车场或许可以被当做一种宝贵的绿色资源。

别租自行车了，直接补贴那些在伦敦骑自行车的人

在伦敦，对旅客的公共交通补贴标准：公交车每客每公里 6 便士，地铁每客每公里 1 便士。而对于桑坦德自行车租赁计划的用户来说——平均每天有 20 000 次租车，平均每次租赁时间为 10—30 分钟，6 年内花了 1.4 亿英镑的公款——算下来，租一辆自行车可以补贴 75 便士。因此，还不如给那些在伦敦市中心骑自己买的自行车的人每英里补贴 50 便士。

乘车通勤易拥堵

汽车制造商雪铁龙在 2012 年的一项调查显示：在英国城市的交通高峰时段，汽车司机平均每小时有 25 分钟待在原地，寸步难行；在此项调查的五年前，这一数字还仅为 20 分钟；在英国首都伦敦，这一数字一下子攀升到 36 分钟。骑自行车的人在很大

程度上对交通拥堵有免疫力，可以稳定地保持10—15英里／时（16—24公里／时）的骑行速度。因此，路边广告的目标人群不应该是骑自行车的人，而应该是那些有充裕时间看这些广告的汽车司机。

骑自行车的好处

哈佛大学在2003年的一项研究表明：每周骑行3—5小时的男性，其患阳痿的风险可降低30%。然而，真正的骑手可能会不幸地发现，自己的生育能力其实不太行，因为有另一项研究指出：每周跑180英里（290公里）的西班牙铁人三项运动员，他们体内有活力的精子从10%的平均值下降到了不育边缘的仅仅4%（这种下降是暂时且可逆的），只游泳或跑步的运动员则没有出现这样的状况。因此，骑车锻炼对夫妻生活有好处，但是就像吃巧克力和喝啤酒一样，适度为宜。

荷兰还是剑桥？

在英国，“模式份额”[①]——相对于其他交通方式，骑自行车出行的比例——非常低，按距离计算，为1%；按出行总量计算，则为2%。而汽车呢？二者的数值分别为62%和78%。有些城市会好一点儿：在约克，19%的出行都是骑车完成的；在剑桥，

① 模式份额（也称模式分担）是指使用某一特定类型交通工具的出行者的百分比或使用该类型交通工具的旅行次数。在货运中，可以用质量来衡量。

这一数字为 28%。在荷兰的格罗宁根（被公认为发达国家中自行车比例最高的城市），高达 40% 的出行是骑车完成的，荷兰全国的平均水平则为 27%。因此，剑桥比荷兰更适合骑行。

穿高能见度的衣服管用吗？

2009 年，一项来自澳大利亚的研究发现：高能见度的服装在避免夜间交通事故方面，并未比深色衣服有更显著的优势。美国得克萨斯州在 2011 年所进行的一项研究称：戴头盔可以降低清醒骑行者的头部损伤，但对酒醉骑车的人却起不到什么作用。因此，你要是喝得太多，就不用浪费时间去戴什么头盔、穿什么高能见度的衣服了——再来一杯酒，起码喝倒了命还在。

步行还是骑行？

骑车出行是安全的。据估计，一个人需要骑 2 500 万英里（约 4 000 万公里）才有可能遇上一起致命车祸——步行也差不多。如果你每天骑行 100 英里（160 公里），则要 700 年才能凑足这 2 500 万英里。因此，在这漫长的 700 年里，你注定要撞上某个行人。

偷车贼

英国每年大约有 11.5 万辆自行车被盗，这还只是记录在案的那部分。有分析认为，实际被盗的自行车总数接近 50 万辆，奇中只有不到 5% 被归还给了失主。有专家建议给自行车上两把锁，并花费自行车价值30%的钱用于这两把锁。因此，如果你有一辆价值3 000英镑的皮纳瑞罗公路自行车，那么你就得花900英镑买锁。

骑行热潮

1949年，三分之一的出行都是骑自行车完成的；而二十世纪六十年代以来，这一数字一直在1%左右波动。公路骑行的比例略有增加（过去十年上升了10%，伦敦市中心的数据在这十年翻了一番，主要源于个体骑车次数更多了）。非公路骑行的增幅是公路骑行的两倍，但仍然只是一个很小的增幅。因此，媒体所谓的“骑行热潮”不过是用来赚稿费的。

犯罪

根据2011年英国广播公司（BBC）关于交通事故的报道：大部分涉及致命车祸的人本就有犯罪记录：41%的卡车司机、35%的骑行者和面包车司机、30%的行人、21%的小汽车司机（与基本比例8%相比）都有案底。因此，呼吁给骑车人上牌照以防止交通事故简直滑天下之大稽，似乎是比给罪犯发牌照要有用呢。

给骑手更多假期

同样，根据2011年BBC关于交通事故的报道：在工作日的早晚高峰时段，骑行致死率激增。因此，不是骑自行车危险，而是骑自行车上班危险。

还是很有钱的

美国加州大学伯克利分校的心理学家发现：司机越有钱、开的车越贵，他们越有可能剐蹭其他道路使用者，而且看到行人后不停车。因此，骑自行车的人就是更友好，也更有礼貌。

怎样才算遵纪守法？

据RAC[①]的一项调查显示：尽管83%的司机会承认自己常常超速驾驶，可92%的他们都认为自己没有违章。而IAM[②]的一项调查称：88%的司机认为骑自行车的人得改改他们的臭毛病（尽管伦敦交通局的数据表明：机动车闯红灯的概率和骑行者闯红灯的概率大致相同，约为16%）。因此，遵纪守法的最佳方式不是老老实实地按交规骑行，而是开车。

---

① 指英国RAC汽车服务公司，主要服务项目为道路救援和一般保险。其作为皇家汽车俱乐部（Royal Automobile Club）的"联营部门"出现，并于1978年注册为"RAC汽车服务有限公司"。

② 指"IAM道路智能"，原名为"高级驾驶者协会"（Institute of Advanced Motorists），是一个总部设在英国、服务九个国家的慈善机构，其目标是通过使用英国警方的汽车和摩托车控制系统，提高汽车驾驶和摩托车骑行水准，从而提高道路安全。

许多法律工作者也骑自行车。所以,要是碰见有人骑的是“顶配”布朗普顿牌自行车,还随口援引案例法,最好等他们走了以后再说话。

合法骑行

开口仿若法律专家（就算只是脑海里这一小撮证据，也能成为你的救命稻草）、遭遇争议时知道去哪里找论据以及虚张声势——这些都是很实用的技能，常常为律师所用。

骑手们总是想知道他们刚刚做的事情是否合法，于是下文便有一份适用于自行车的英国法律指南。下次再遇到这种话题时，它就能使你显得很有权威。需要注意的是，许多法律工作者也骑自行车。所以，要是碰见有人骑的是“顶配”布朗普顿牌自行车，还随口援引案例法，最好等他们走了以后再说话。他们在用法条唬人方面可比你强得多——强到要收费。下文所举权当消遣和一般参考之用，可千万别视之为专业法律建议。毫无疑问，可靠而能干的律师无可替代，但要是你有幸找到这种可以替代律师的人才，请务必告诉我们他是何方神圣。

在人行道上骑车

一提到这个话题，大多数人气不打一处来。法律并没有给出个明确说法。行人常常不知此身何在——通常是在自行车道正中间，拿着手机发消息。

首先，“人行道”（pavement）这个词在英国并没有法律定义，因此你可以说：不管谁提到这个词，都不明白自己所指到底为何物。（在美国，人行道被称为“sidewalk”，而“pavement”指的则是“铺筑好的路”。很多美国司机也在抱怨机动车道上骑车所激起的他们的民愤。）

在人行小道（footway）——在马路边专为行人所设的狭长小路上骑车是违法的（除非有标志牌告诉你可以在那儿骑自行车，那就另当别论）。

在人行道（footpath）——根本没有“路”的地方（散步长廊、公园、商业街或乡间）骑车，正常来说是合法的，除非有标志牌明确提示这样做违法。不然的话，你只会因为擅自闯进人行道而倒霉（你并不会因此被起诉，只是要被带到民事法庭上，被教训一下这样做的危害——其实微乎其微）。至于推着自行车走，无论是人行小道，还是在人行道，都是可以的。

马道（向行人、骑手、马匹和婚礼仪仗队开放，但汽车不可驶入）上骑车不打紧，只因为你需要过路而在人行街道上骑车则非常不妥。（不管怎么说，这样都挺危险的，毕竟运货卡车和面包车也都想要过路）。

自行车道只允许自行车进入，汽车不能驶入。自行车道通常很好辨识，有标志牌指示，一般是红色或绿色的柏油路，骑个50米就戛然而止，把你扔回到车流里。在人车（自行车）分流的道路上，非机动车道有一侧仍是人行道，你不能在上面骑车——如果你能分辨得出它到底在哪一侧的话。在这种道路上，你必须“小心谨慎”地骑车——不骑车反而是违法的——但同样意味着要给行人让路，哪怕其实是他们走到骑行道上来了。行人走路不周到并不犯法，反正你也追查不到他们，这或许是要求行人也都有执照、上保险的一个论点。

“自行车道”（cycle path）这个词的概念有点模糊，最好避免用这个词。总的来说，自行车道作为道路的一部分也让人摸不着头脑，最好避免往上骑。在马路上骑车更快、更轻松，还没那么多碎掉的啤酒玻璃瓶。

要是你被逮着在错误的车道里骑车，身穿制服的警察估计会送你一份定额罚款告知书，让你交30英镑罚款。通常情况下，利用前面介绍过、自行车道相关规定的混乱和漏洞，资质还不错的律师一般都能利用这些漏洞把对你的处罚撤销，只收你几百英镑的律师费而已。骑车不当，最高可能会被罚款一千英镑。同样，可以花几千英镑雇一名称职的律师为你抗议处罚。

你没有必要迁就而去越野自行车道或类似设施骑车。无论《公路法规》（*The Highway Code*）怎么说，你都完全有权留在道路上。（《公路法规》宣称：越野自行车道或类似骑行设施“能让旅程更安全”。这话说得是不是和“你能通过网络博彩赢钱”很像？）

道路上的自行车道有两类：一种是建议车道，用虚线标记，机动车也可以越线行驶，但窄得不行，通常没什么用；另一种是强制车道，机动车不得越线行驶，但也窄得不行，通常没什么用。撇开这样的命名不说，骑行者不一定非得在这两种自行车道里骑车，更何况自行车道还有另外一个名字——汽车停车带。

超速行驶

限速只针对机动车，而非自行车。因此，在限速每小时 30 英里（约时速 50 公里）的路段，骑自行车骑到时速 45 英里（约时速 70 公里）就像在酒吧“吹水”一样，并不违法，但不是什么好主意。

骑行者或许会在类似情况下招致警察怒火，并被控以触犯如“狂飙骑行”或“肆意驾车狂飙”的十九世纪诡秘法规，但这类案件十分罕见，不过 2007 年剑桥仍有一例被报道。因此，我们的建议：要是真的骑车超过限速，别撞上警察就行。

闯红灯

无视正常规格、圆形、红色的交通信号灯继续前行总是违法的，尽管闯红灯确实有一个显著的副作用——你在马路上突然不再是被忽视的群体的一员。

在红灯时下车，走一段路后，跳上自行车继续骑行……这种行为合法与否，仍是悬而未决的辩论，不过有一点可以肯定——

持正反观点的律师都会说服你相信他们能赢得你的案子。

然而，在自行车与行人共用的道路上（比如在十字路口），怎么想，闯过提示行人停下的红色小人信号都不违法吧？所以，还是有那么个红灯你可以强词夺理地闯过去。

酒后骑车

酒后骑车违法吗？这个话题饱受争议，尤其是对于爱泡吧的骑手来说，他们得纠结能不能再来一杯。当然，答案必须是“能”（而酒后骑车也确实是违法的）。

理论上讲，“酒后骑车”（其实也就是喝大了的行人推着自行车）是违法行为，但从来没有被执行过。如果饮酒或用药后，身体状况不适宜在路上或“其他公共场所”（比如运河纤道，对于要从酒吧回家的醉汉来说，会是有趣的挑战）骑车，你却骑了，也是违法行为。要是被坐实“危险骑行”的罪责，你可能会被处以最高 2 500 英镑的罚款，这会让你的酒吧之夜相当昂贵，除非你去的是伦敦市中心的鸡尾酒酒吧。

你不会进行呼吸、血液或尿液测试，在实践中，警察会叫自行车骑得摇摇晃晃、喝得太多的骑手下车，催他们赶紧推着车回家，而不是带他们去警察局做笔录，尤其是“会发酒疯”的那些人。适宜夜游的季节里，乡村酒吧周围的偷车贼很猖狂，所以最好给车上一把质量不错的密码锁——要是你醉得一塌糊涂，连密码都记不住，那无论如何都不应该骑车回家。

骑车时听音乐

边骑车边戴着耳机听歌倒是不违法，只是多数骑手觉得这么干挺蠢的。毕竟，你又指望不了自己在交通高峰期经过北环路时，还能全神贯注地欣赏肖斯塔科维奇的弦乐四重奏。

一辆车上骑两个人

毋庸置疑的违法行为，除非你的自行车是专门设计用来载人的（比如带有儿童座椅的自行车）。后座顺带捎人也是违法行为。要是你还受到些什么违规药物的影响，那就得两罪并罚。

独轮车

要么受制于与自行车完全相同的规则，因而不能在人行道上骑行，参考《1994 年第 1 519 号法令》[1]；要么主张独轮车不属于“自行车”，因而可以在人行道上骑行，参考《2003 年第 1 101 号法令》[2]。换句话说，在没有判例案件出现之前，谁也不敢肯定独轮车能不能上人行道骑，但能承担得起这样的诉讼的独轮车车主是很少的。

---

① 该条法令对“脚踏车”进行了限定：“脚踏车”(pedal cycle)指在任何情况下均非机器动力的独轮车、自行车、三轮车或有四个及以上轮子的人力车，包括被视为不属于机动车的电动助力脚踏车。

② 该条法令称：“自行车”(bicycle)是指仅靠骑车人的肌肉力量通过脚踏板推动的两轮车辆，而不是依靠机械动力推动而建造或改装的车辆。

头盔

世界上只有两个国家——澳大利亚和新西兰——执行了所有骑车人员在任何地方都必须佩戴头盔的法律规定。其他一些国家则规定儿童必须佩戴头盔（这也恰好与头盔的设计初衷相吻合——防止儿童从静止的自行车上摔到柏油马路而获得头部伤害，而不是为了保护被车撞上的成年人）。

在美国和加拿大，各州、各县的情况不尽相同。不过，总的来说，成年人通常不需要骑车佩戴头盔。西班牙的法规最为奇怪：除了在城镇里、在上坡时或炎热天气条件下不需要，骑手都必须佩戴头盔。

在英国——正如在法国、德国以及全世界骑车安全系数最高、最适合骑车的国家荷兰与丹麦一样，除非你是害怕因“危险骑车行为”而失去选票的政客，不然就不需要佩戴头盔。

在英国，常规道路事故中，没有一个骑手会因为不佩戴头盔而导致其受伤害后应获的赔偿减少。（要是有人不同意，你就围绕“常规”这个词进行反驳。）

别管那些关于头盔的街访评论，不论是来自骑手的看法，还是护士、验尸官、法官或警察的看法。除非他们进行过科学的对照试验，否则就断言他们的观点毫无根据、夹带偏见。只有一种观点是可靠的，那就是基于研究、经验和智慧的你自己总结出来的观点。

头盔对社交的影响尚无定论。有些骑行者觉得，在对方认为不戴头盔骑车也很安全的情况下，和他强调他没戴头盔的事实会使谈话变得不快，甚至干脆成为话题终结者。

车灯

需要适应夜间（在大路、马道、自行车道等处）骑行的自行车必须得装前白后红的车灯，可以是定光灯，也可以是频闪灯（2005 年法条修订后才可以装频闪灯），还必须得装一个红色的后反光板。如果是 1985 年以后生产的自行车，自行车的颜色设计大概更适合夜间骑行，脚踏板上会安装反光板——这对很多公路自行车来说是不可能的，因为它们的非卡式脚踏板太小了。

实际上，公众不大会写信投诉、要求对踏板反光板不符合英国标准的骑行者带来的安全危害有所作为。

说来奇怪，在德国，就算是在大白天，自行车上也必须一直装着车灯。

车铃

在英国，法律并不要求自行车上必须有这种装置（除了在北爱尔兰，也许是由于该地区浓厚的音乐传统）。以前，新车出售时，车铃都是强制安装的，但近来立法中的繁文缛节尽扫，取消了这一规定。

很多人认为，车铃很大程度上形同虚设：因为司机开车打电话时，根本听不到铃声；行人戴着耳机听歌时，也照样听不到。倘若他们听的还是脏话连篇的说唱音乐，你就算对着他们破口大骂，一样毫无意义。

刹车

前轮和后轮必须有各自独立的制动系统。固定轮自行车不需要后刹车，因为踏板可以充当后刹车，所以这种自行车前轮必须有刹车——没有前刹车的固定轮自行车是违法的，特立独行增加的只会是更多奇闻逸事。比如，2016 年，某个名叫查理·艾利斯顿的人就是骑着这么一辆违规自行车，在伦敦撞死了一名行人。他被判了 18 个月的监禁。

倒刹自行车[①]同理。这种自行车的后刹并非依托杠杆原理，而是通过快速倒踩自行车踏板以实现制动。此款车型在欧洲大陆相当流行，在英国却比较罕见，使得“倒刹”（back-pedalling）这个词——又有“出尔反尔”之意——会让不骑车的人如堕五里雾中：在普通自行车[②]上倒踩踏板，你的脚跟活飞轮转向相反，车仍然是往前跑的。如果你想在这个话题上引发大讨论，很可能就从吹嘘自行车法规变成时事辩论。

手机

骑车时玩手机倒是不违法——给朋友发短信或是拨打货车侧面写着“我车开得如何”的投诉热线——但要是真发生交通事故，这种行为还是会对你不利。至少，如果出事了，你可以立刻试着打通骑车旅行俱乐部的法律咨询热线寻求帮助。

---

① 我国俗称“倒蹬闸自行车”或“脚闸车”等。

② 指一般城市自行车，如现在多用的共享单车，均采用单速活飞轮，不可变速或制动。

展望未来

推测一下你所目睹的任何社会趋势对未来法律制定的可能影响——例如对网络民生和安全问题的影响。你就说："会有那种电视宣传片，遭遇惨痛车祸的儿童的父母会情绪激动地呼吁强制佩戴头盔，尽管他们对此间关联无甚了解。易受煽动、没有责任感的网民会同意一键式在线立法。到 2025 年，每个国家都会要求骑行者必须配备头盔、护肘、护膝以及安装在自行车上的喷淋灭火器——除了荷兰。那时候荷兰已经不会再有任何高于海平面的自行车道了。"

如果微软或苹果公司要发明新型自行车，他们会发明有七个轮子和四个鞍座的自行车。

技术发展

技术进步总体来说是服务于骑车人的，而不是反一反。如果微软或苹果公司要发明新型自行车，他们会发明有七个轮子和四个鞍座的自行车。当你转动车把时，车轮实际上不会往你想要的方向转，而是往他们认为你应该去的方向转。你不得不在骑车过程中停下来，被迫调整鞍座的设置，而这些设置明明很好也没有发生变化。当你刹车时，你会收到一条消息，说："你已经踩了刹车。你要不要：（1）减速；（2）停车；（3）取消？"而且，一张用户上路许可证要花两万英镑才能买到。

好在自行车的基本结构很简单，也易于掌握，一个多世纪以来都没有太大变化，这也是骑行如此具有吸引力的原因之一。许多创新——通常是那些在众筹平台上大肆宣传的创新，可以放心地将其视为不切实际的噱头，不合常理。"什么动态感应触发式防盗报警器？还不如干脆把自行车锁在另一辆更值钱、更吸引人的自行车旁边……"

然而，自行车制造商总是想尝试新东西。通常情况下，为高端赛车开发的技术——如碳纤维车架、碟式刹车或电子变速器——会下沉到大众市场。所以，新技术还是值得了解一下的。如果有人提到某种令人兴奋的新技术，而你又不想让自己看起来很无知，你总是可以尝试说："听上去真不错，毫无疑问以后会被标准化，但我还在等着它降价。"这么一说，怎么都不会错得很离谱。

车架材料

自行车的材质五花八门，比如竹子（要么被斥为"只适用于制造新奇的公共租赁自行车"，要么被赞为"轻巧、结实、自然，骑起来舒服"）或者塑料（瑞典在二十世纪八十年代推出过一款骑起来东倒西歪的伊捷拉塑料自行车[①]）。下文将介绍四种用来制造车架和前叉的标准材料，你可以根据自己喜欢的风格选择其中一种材质大夸特夸。

碳纤维

碳纤维材料具有超轻、高强度的特性，缺点在于这种材料的"一根筋"：一旦坏了，就是彻底坏了。碳纤维前叉相对常见，可以很好地吸收"震动"，比如在你发现碳纤维的车架－前叉组合要

① 瑞典制造的依捷拉塑料自行车（Itera plastic bike），目的是利用塑料材料实现自行车的现代化。但由于技术问题，该项目仅进行三年就以失败告终。

花多少钱的时候对你心灵的那种震动。碳纤维是高档公路车和赛车的首选材料。其所体现的骑车人形象：强势，先锋，或许会有点喜怒无常。

钢

钢材的特点在于其灵活、结实、便宜且可以焊接。对于钢制车架，老生常谈的观点有：与其他材料不同，钢制车架“即使是最偏远的发展中国家村庄里的铁匠或机修工也能修得好”。就算你从来没有真的遭遇过此种情形，但这故事听起来很棒，它能暗示你到过激动人心的远方，还遇上了城市里见不着的铁匠。因此，钢材通常是旅行自行车、通勤自行车、普通自行车的适宜材料。其所体现的骑车人形象：务实可靠，踏实肯干。

铝

铝制车架轻便、坚硬，但强度不如钢材；不过，它价格便宜，不易被腐蚀，坏了也能修得好（但不是找铁匠修）。铝材是比较好的通用车架材料，适合各种自行车。其所体现的骑车人形象：直来直去、不矫揉造作的普通人。

钛合金

钛合金属于需要修理者具备一定工程技巧的昂贵小众材料，用钛合金车架的自行车轻便耐用、不易腐蚀、骑来舒适。钛合金是旅行自行车和很多其他类型自行车的理想材料。其所体现的骑车人形象：品鉴大家，高标准，但希望获得特殊待遇。

Strava

Strava 是专业骑手和全球数百万用户的首选手机应用程序。它使用 GPS 记录你的骑行路线，你若把记录下来的骑行路线上传到网上，就可以同其他骑行者比较每个“计时段”的用时：在某个计时段中速度最快的人可以获得“爬坡之王”的称号。此外，Strava 还拥有社交媒体方面的功能，被誉为“骑行人的‘脸书’”，其应用中的“kudos”相当于“赞”。

圈子里的骑手都会希望你也是这款应用的登录用户。因此，为了避免和他们互相添加好友，你就说自己只用私密模式，这么一来，只有你自己能看到你的计时段成绩。直接说“这是我自己用的，不是为了给别人看的……”也不会有什么反对之词。如果你公开共享自己的信息，那务必选那些毫不知名的线路去骑行，这样你能轻易地获得个“× × 之王”的名号。或者，你干脆表示自己对 Strava 的鄙视，说：“为什么 Strava 的用户老要多此一举把刚完成的计时段都上传到‘脸书’去？我用‘脸书’为的就是避开 Strava 上这些无聊的人……”然后随便为几个知名度不如 Strava 的同类型应用作辩护：“Mapmyride 的数据更可靠，Endomondo[①] 操作起来更简单，你没有试过山地骑行专用的 Trailforks 吗……？”

① 该款应用已于 2020 年 12 月 31 日关停服务。

室内骑行台骑行锻炼界的Strava名唤Zwift，它可以让你在家里与另一个用户远程“比赛”。你可以任意表达对它的喜爱，毕竟真正使用Zwift的人都是待在家里和美国人远程较量的。

GPS

智能手机大小的车把装置，利用GPS在地图上显示用户所在的位置，并为用户指路。佳明（Garmin）是GPS领域最知名的品牌。用佳明的GPS装置也是标准配置，如果你想暗示别人自己用的是佳明的产品，没有人会再深入探究你到底用没用。不过，有些人可能更青睐“纯正的、老派的骑行方式”所呈现的骑行形象——“GPS？我只跟真人问路，更有交际感！而且我用的是让人一目了然的正宗纸质地图！如果我需要烦人的叽叽喳喳提醒我我们迷路了，我的骑友也能做到……”诸如此类。

电子变速器

电子变速器是最新的高端换挡技术，比传统机械换挡更快、更精准（尤其是在用无线而不是有线电子变速器时）。考虑一下，对于电子变速器，你是抵触（“骑着感觉不对，电池会没电，还贵得离谱”）还是欢迎（“效率高多了，要是我能买得起，我立马就换Di2[①]”）。

① Di2，即Digital Integrated Intelligence，是一种电子驱动变速器系统。

碟式刹车

碟式刹车（碟刹）愈发成为潮流，其工作原理是通过刹车片夹住固定在轮毂上的外露金属盘以达成制动效果。碟刹主要有两种类型：机械碟刹和液压碟刹。液压碟刹制动效果更强，但构造较为复杂，而且需要装满制动液才能工作，就像某些骑手不灌满酒不上路一样。

碟刹比普通轮辋刹车更有效，即使在泥泞和潮湿的地方也能保持抓地力。它们越来越多地出现在各类自行车上，但事实证明，碟刹最受山地车爱好者的欢迎，因为就算车轮或骑手本人被撞得不成样了，碟刹还是能正常工作。

假装自己对骑行无所不知是没有任何意义的——没有人能做到无所不知——但是如果你已经把书读到了这里,至少吸收了这本书里哪怕一点点的知识和建议,那你也一定会比99%的人更了解骑行:骑行如何对你的身体健康有益,如何对你的身体健康有害,为什么骑自行车的人常遭误解,为什么骑行总体上来看是一件好事(对生活、对宇宙、对一切而言都是)。

至于你要如何去使用这些知识,完全取决于你自己。这里只有一个建议:对自己新汲取的知识充满信心,看看它们能给你带来多大助益——最重要的是,要享受应用这些知识的乐趣。现在,你在与人吹嘘世界上最高效的交通工具这一门“艺术”上,已经是个不折不扣的专家了。只是注意别侃得太猛,小心从神坛上摔下来。

名词解释

休息把（Aerobars）

休息把是一种延伸的车把，骑手可以把小臂向前平放其上。使用休息把达成的流线型骑行姿势深受铁人三项运动员的欢迎。另外，有一种巧克力零食的英文名也叫“Aero Bar”，而且很受游客的喜爱。

疲劳极限（Bonk）

骑行过程中，真实的或假装的突发体力不支，吃了巧克力或蛋糕就能瞬间补救。

鲍里斯自行车（Boris Bike）

来自伦敦、由桑坦德银行赞助的自行车租赁计划，以时任伦敦市长鲍里斯·约翰逊的名字命名。这项计划庞大、普通而又滑稽，很快就令人生厌，而且进展缓慢。其计划内的自行车也是一个样。

蝴蝶把（Butterfly Bars）

一些旅游骑行者使用的“8”字形车把，就像真正的蝴蝶一样，使用起来比你想象的要困难得多。

卡式踏板（Clipless Pedals）

带锁片（用于自锁鞋，而不是给脚趾夹着）的脚踏板。其他骑行方面的矛盾词还包括“防盗锁”“防雨外套”“骑行设施”。

撞车（Crash）

报纸报道中所写的“骑车人”（绝非“自行车”）和“车辆”（绝非“司机”）之间的“碰撞”事故。当愤怒的骑手群起对这种暗含“受害者有罪论”的报道进行电子邮件谴责和投诉时，该报纸的服务器会直接瘫痪。

开门区（Door Zone）

紧挨着路边停放着的汽车的危险区域，突然打开的车门会把骑车人撞飞到过往的车流中，因此大多数自行车道都被涂上颜色以示区分。

后下叉 U 形槽（Dropout）

车架后下叉末端的一种造型，能让你的车轮很容易就被卸下来[1]。“Dropout”又指逃避义务教育而最终成为自行车修理工或快递员的人。

下把位(Drops)

公路自行车车把向下弯的把位，使骑行姿势得以成流线型，亦是缓解骑车引发的颈部疼痛的“良药”。

“倒根栽”(Face Plant)

(通常是从山地自行车上)脸朝下摔在地上，导致糊在脸上的泥巴都能长出花儿来。

“死飞”(Fixie)

很难刹住的固定轮自行车(不可变速，没有活飞轮，甚至没刹车)——就像车主一旦开始炫耀自己有“死飞”，就话多得刹不住车一样。

老奶奶速(Granny)

自行车最慢、踏板最好蹬的挡位(也叫“老奶奶齿轮”“老奶奶挡”)，有时出于不情愿的职责而参与骑行，骑得就像真正的老奶奶一样。

---

① 这种U形槽能使修理人员不将链条取下即可拆卸后轮。

全地形自行车（Gravel/Adventure Bike）

万能的折中自行车，可以骑它通勤、跑公路、旅行、越野等等。它的存在让你只需要拥有一辆车而不是五辆不同的车，从而失去了它的优势。

硬尾山地车（Hardtail）

有前避震但没有后避震的山地自行车，能尽诉你如何买不起这条特殊下坡路线真正需要的全避震车型[①]的委屈。

LBS

“Local Bike Shop”的缩写，即本地自行车行。要赞美自行车行里的所有优质服务和学富五车的员工，并感叹他们与更便宜的互联网商店的斗争——然后像其他人一样悄悄地在网上订购所有的装备。

左勾（Left Hook）

车辆超过你后立即向左转弯企图“横穿”过你的驾驶行为，也是愤怒的骑车人事后向“肇事”司机施展的出拳方式。

机械兴奋剂（Mechanical Doping）

给赛车手提供违规助力的隐藏电动机，使用的是推陈出新的

① 即“软尾山地车”。

技术——塞满一信封的用过的钞票，从赛车手手中滑落到机械师手中。

主车团（Peloton）

挤在一起的公路骑行者，将集体风阻和后车超车的机会都降到最低。

主要道路位（Primary Position）

即车道正中[1]。为了安全起见，也为了从后面不耐烦的司机那里学习新的脏话，推荐使用主要道路位。相对地，次要道路位被安排在阴沟里——学不到脏话还得弄脏裤子。

静道（Quietways）

伦敦市内带有标识的低流量后街自行车道[2]（如“Q1”“Q6”等）。之所以取名为“静道”，是因为议会不愿透露这些线路的成本有多高。

铁路自行车道（Rail Trail）

昔日风景优美的铁路，化作平坦、光滑、连续的自行车道；

① 主要道路位指的是一般交通流，次要道路位（Secondary Position）指的则是骑车人的正常骑行位置。

② “静道”是伦敦交通发展出的新概念，是自行车高速公路的补充。自行车公路通常沿着主要道路设置独立的自行车道，提供骑行者最快速、最直接的线路；静道则穿越住宅区街道，将社区道路半公共化，必要时仅短暂地使用专用骑行基础设施连接。

昔日沉闷的铁路，化作会被道路交叉口和住宅区打断的泥泞、坑洼的自行车道。

拉法（Rapha）

超时尚、超高价的骑行服装品牌。穿拉法骑行服的人总会说自己“买的是打折货”。

RLJ

“Red-Light Jumper”（闯红灯者）的缩写，指的是在闯红灯前被大众视而不见的骑手，闯了红灯后会被打成代表所有骑手的“反面典型”。

单行道（Single Track）

宽度只够一辆自行车通过的越野自行车道，路面难骑且崎岖；光滑、平整的城市自行车道，宽度也只够一辆自行车通过。

SMIDSY

“Sorry Mate I Didn’t See You”（“对不起，伙计，我没有看到你”）的缩写，指的是汽车驾驶员在差点撞到一个身高一米八、身着高能见度上衣、带着摇滚演唱会上那种闪光LED灯的骑手后的典型借口。

无内胎轮胎（Tubeless Tyres）

类似汽车的、没有内胎的自行车轮胎，只能搭配特制的轮子。这种轮胎通常和“高压”关联紧密，比如担忧这种轮胎被刺破后会发生什么的压力累积。

室内骑行台（Turbo Trainer）

能够让你在室内骑车却不往前跑的设备，因此很适合冬季训练。加装一个电动机，你甚至不用坐上去，它就可以帮你训练，而你或许还可以趁此机会开车出去兜兜风。

冬季自行车（Winter Bike）

结实的后备自行车，主要作用是为了防止自己的顶级公路车在恶劣天气下给骑坏了，所以“冬季自行车”反而变成了不骑的那辆。